JN111832

はじめに

中高生のみなさんへ

あなたは「書く」ことが好きですか？　イラストや絵を描くことは得意だけれど、文字や漢字、文章を書くことは苦手……という人は多いのではないでしょうか。この本は、「文字を書くだけで疲れる」「漢字や英語がうまく書けない」「自分の気持ちを文章で伝えることが苦手」……そんな中高生のみなさんが「書く」練習をするためのワークです。ポイントは、負担なく書ける文字や、短い文章から「まず、書いてみる」こと。「このくらいだったら書けるかな」というページからチャレンジし、自分に合う書き方のコツを見つけ、学校生活や日常生活に生かしてほしいと思います。

先生・保護者の方へ

中高生にとって文字や文章を「読む」こと、「書く」ことは、重要なスキルだといえます。授業の多くは、生徒たちがさほど苦労せずに教科書を読めてノートが取れることを前提に進められ、テストの多くは、学年相当の漢字の読み書きができることを前提に出題されます。しかし何らかの理由で読み書きが苦手な生徒たちは、日々の授業やテストに大変な労力を費やしているのにそのことに気づかれにくく、「やる気がない」ように見えてしまうこともあります。

わたしたちは、学習塾「さくらんぼ教室」で読み書きが苦手な多くの生徒たちと学習してきました。文部科学省の調査（2022年）によると、通常学級に在籍する「『読む』または『書く』に著しい困難を示す」児童生徒は小・中学生の3.5%、高校生の0.6%です。「苦手だけれど必死に読んでいる（書いている）」という生徒を含めれば、読み書きに不便さを感じている児童生徒は、さらに多くいるのではないでしょうか。

本書は、学校生活の中で読み書きに負担や苦手さを感じている中高生が、基礎的な段階から「読んでみる」、「書いてみる」ことを通して、読み書きのコツを見つけることをねらいとしています。『書き方・作文編』は、簡単なひらがなやカタカナから「形に気をつけて書いてみる」、「言葉を組み立て、自分の言葉で表現する」ことを通して、書き方のコツに気づけるようにします。著者である濱野智恵や多くのスタッフが、長年にわたり生徒とともに取り組んできた個別教材がもとになっています。読み書きが苦手と感じる幅広い生徒を対象としており、「苦手」につながりやすい発達上の特性（「学習障害（LD）」や、特に読み書きに困難をもつ「発達性ディスレクシア」など）に焦点を当てた内容ではありません。さらに個別的な支援が必要な場合は、専門機関などと連携した支援や合理的配慮を検討してください。

「読みたくない」のではなく読むことが苦手、「書きたくない」のではなく書くことが苦手な生徒たちが、その方法をくふうすることによって「できる」ことがたくさんあることに気づき、学校生活や日常生活に生かせるようになることを願っています。

2023年8月　伊庭葉子

本書の使い方

本書の目的
（先生・保護者の方へ）

このワークは「書く」ことが苦手な中高生が、書き方のコツを学び、自分に合う方法で学習や生活の中の文章を書けるようになるための教材です。

実際に「書いてみる」ことを通して、「どんなくふうをすると書きやすかったか」を生徒と一緒に振り返りましょう。生徒に合う書き方を見つけて書くことの楽しさに気づけるよう支援をしてください。

この章で学ぶことを確認しましょう。

チャレンジ
この章でどんなことを学ぶのか問題に取り組んでみましょう。

「いま」をチェック
この章で学ぶことが「いま」どのくらいできているかチェックします。

先生・保護者の方へ
生徒への指導・支援のポイントです。生徒がどのようなことで困っているのかに気づき、支援できるようくふうとともにまとめています。

各章の問題・ワークに取り組んでコツを学び、自分に合う方法を見つけましょう。

学習の順序

① 「読み書きバランスシート」（4～5ページ）で自分の得意・苦手をチェックする。

→自分の読む力・書く力を振り返りましょう。

② 各章のはじめのページからよく読んで、「チャレンジ」に取り組む。

→章の中で学ぶ内容を確認し、今の自分のスキルを知りましょう。

③ 各章の問題・ワークに取り組む。

→手本や例を参考にしながら書いてみましょう。

★①～③を通して、自分に合う書き方のくふうを見つけ、学校生活や日常生活に生かしましょう。

●先生・保護者の方向け
指導・支援のポイント

・生徒が「書けた」という成功体験を積めるよう、先生が適宜ヒントを出しながら問題・ワークを進めましょう。「ていねいに書く」ことだけでなく、「正しい筆順で書く」取り組みやすくふうできたところをほめ、生徒の自信につなげましょう。

・作文の取り組みが難しい場合は、「例」の文章を写して書かせることから始めましょう（巻末に作文の解答例を掲載しています）。

・生徒が書きやすいようにワークを拡大コピーして使用するのもよいでしょう。また、巻末の「マス目・ノート用紙」「原稿用紙」をコピーして、くり返し練習できるよう支援しましょう。

この本で一緒に学ぶ
友達紹介

これからみなさんと一緒に学ぶ友達を紹介します。
それぞれの個性に注目して一緒に学んでいきましょう。

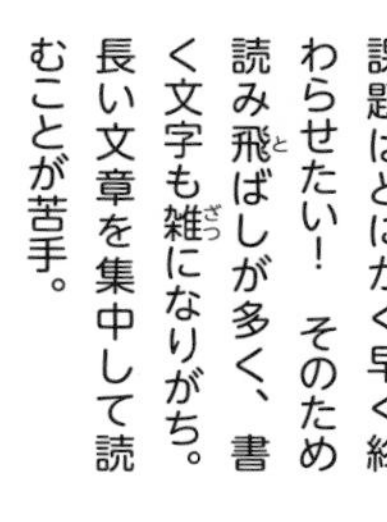

課題はとにかく早く終わらせたい！ そのため読み飛ばしが多く、書く文字も雑になりがち。長い文章を集中して読むことが苦手。

あおい
作文は苦手だけれど、イラストで表現するのは得意！

本を読むことは好きだが、教科書やお便りから大事な情報を読み取ることは苦手。文章よりイラストのほうが自分の気持ちを伝えられる。

文字を読んだり書いたりすることに時間がかかるため、テストのときには時間を延長できる「合理的配慮」を受けている。

クラスの友達

あなたの読み書きスキルをチェック！
読み 書き バランスシート

読み書き両方が苦手、あるいは両方得意な人もいますが、「読むことは得意だけれど書くことは苦手」「書くことはできるけれど、読むことは難しい」など、読む力と書く力にアンバランスさがある場合もあります。問題・ワークに取り組む前に、まずはあなた自身の「読み書き」の力を振り返って、「できていること」「これから練習したりくふうしたりすること」を考えましょう。「◎＝とてもよくできている・○＝できている・△＝一人ではできていない（苦手）」の3段階で、当てはまる記号に○をつけてみましょう。

	読む	書く
① ひらがな	◎・○・△	◎・○・△
② 特殊音（例：きゃ・ぴょ）	◎・○・△	◎・○・△
③ カタカナ	◎・○・△	◎・○・△
④ 漢字（小1～2の範囲）	◎・○・△	◎・○・△
⑤ 漢字（小3～4の範囲）	◎・○・△	◎・○・△
⑥ 漢字（小5～6の範囲）	◎・○・△	◎・○・△
⑦ 漢字（中学生の範囲）	◎・○・△	◎・○・△
⑧ 短い文（1～2行）	◎・○・△	◎・○・△
⑨ 教科書の文章	◎・○・△	／

	読む	書く
⑩ 本・小説	◎・○・△	／
⑪ 古文	◎・○・△	／
⑫ 作文（200字程度）	／	◎・○・△
⑬ 板書・授業のノート	／	◎・○・△
⑭ 習字	／	◎・○・△
⑮ アルファベット	◎・○・△	◎・○・△
⑯ 英単語	◎・○・△	◎・○・△
⑰ 英文	◎・○・△	◎・○・△

「読む」「書く」それぞれ◎・○がいくつあったか数えてみよう。

	◎	○	△
読む	個	個	個
書く	個	個	個

わたしは「書く」より「読む」の方が◎の数が多かったよ！

ぼくは「読む」と「書く」の◎の数が同じ！

読み書きのバランスを見てみよう　あなたはどれに当てはまる？

右ページの表の◎・○・△の数を「読む」「書く」で比べて、当てはまるタイプに☑を入れましょう。

□ **「読む」ほうが苦手**

↓書くことに比べて読むことが苦手なタイプ（「書く」に◎・○が多い）。

□ **「読む」力と「書く」力に差がない**

↓「読む」「書く」の◎・○の数がほぼ同じ。読み書きの力を見直してみましょう。

□ **「書く」ほうが苦手**

↓読むことに比べて書くことが苦手なタイプ（「読む」に◎・○が多い）。

「読む」ことであなたが苦手なこと・困っていることは？

くふうしていることは？

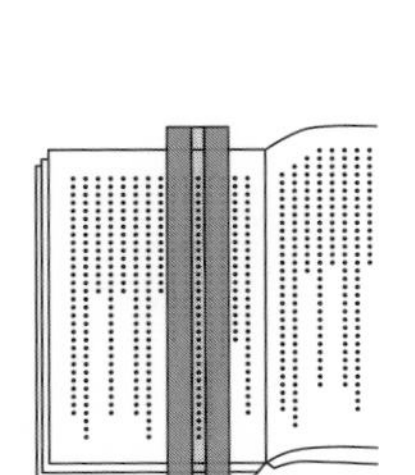

「書く」ことであなたが苦手なこと・困っていることは？

くふうしていることは？

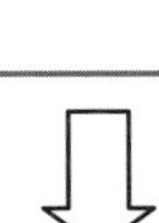

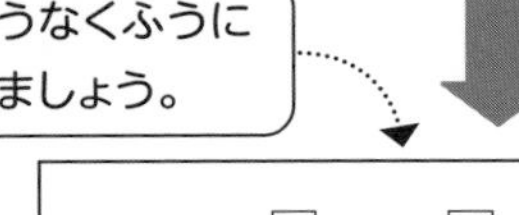

取り組めそうなくふうに☑をしてみましょう。

学校でできる！ 読み書きのくふう

●読む

- □ 教科書やプリントを拡大する
- □ 漢字に読みがな（ルビ）をふる
- □ タブレットやパソコンの画面で読む
- □ 読む時間を延長したり課題の量を調整したりする

●書く

- □ プリントを拡大して書きやすくする
- □ マス目や罫線のあるノートを使う
- □ タブレットやパソコンで入力する
- □ 書く時間を延長したり課題の量を調整したりする

次のページの「読み書き　サポートの例」も参考にしてみましょう。←

読み書き　サポートの例

読む

タブレット（パソコン）
文章を拡大したりフォントや背景の色を変えたりすることで読みやすく表示できます。

読みがなを自動で振ってくれるソフト（アプリ）もあります。

辞書（電子辞書）
漢字や英単語の読み方を調べることができます。

音声読み上げソフト
文章を音声で読み上げることができます。英語の読み方も音声で確認することができます。

アレルギーや自己
免疫疾患を誘発します
そして今や遺伝子組み
換え食物は私たち

リーディングトラッカー
文章に当てて読むことで読み飛ばしを防ぎます。

読みやすい色の下じきを当てるのもよいでしょう。

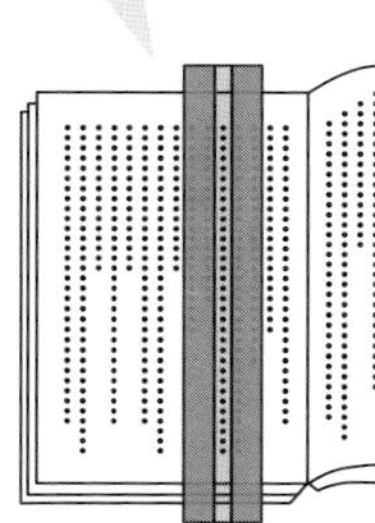

単語カード・単語リスト
漢字の読みや英単語の読みを単語カードにして覚えましょう。読めなかった言葉のリストを作っておくのもよいですね。

●先生向け
学校でできるサポート

〈文章を読むのが苦手な場合〉
・はじめに先生が文章を音読する（聞いて内容をイメージさせる）。
・文章を読む前に、文章の要約（あらすじ）を伝える。
・文章に「／」で区切りを入れておく。
（例：日曜日は／朝から／雨が／降っていた。）

〈教材やプリントのくふう〉
・漢字や英単語に読みがな（ルビ）を入れておく。
・読みやすいよう拡大コピーをする。
・生徒が読みやすいフォントで作成する。
・特に大事な情報に蛍光ペンでマーカーを引いておく。
（例）プリントに記載されている提出物の締切日など。

書く

タブレット
板書を撮影したり手本を表示したりすることができます。

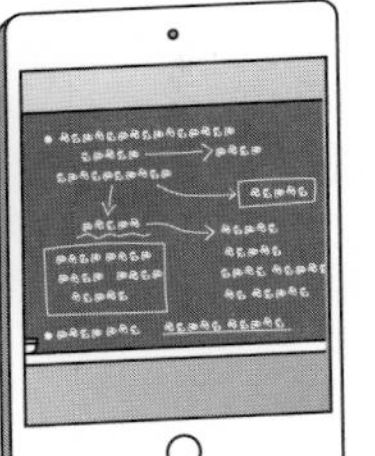

板書を撮影して手元で見ながら書くこともできる！

漢字の筆順をアニメーションで確認できるアプリもあります。

書きやすい筆記具
力を入れなくても書きやすいペンや消しやすい消しゴムなど、自分に合った筆記具を探してみましょう。

ユニバーサルデザインのノート
書きやすいように罫線の濃さや太さがくふうされたノートがあります。また、薄い緑色など白以外の紙のノートもありますので、自分が書きやすいと思うものを見つけてみましょう。

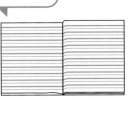

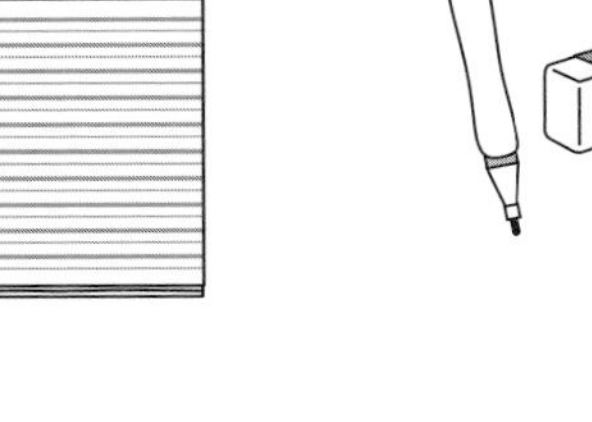

音声入力
マイクに向かって話した内容を文字に変換して表示することができます。

あしたのてんきは、
明日の天気は

シールやスタンプ
よく書くもの（名前や住所）はシールやスタンプを作っておき、押すだけ（貼るだけ）にしておくのもよいでしょう。

●先生向け
学校でできるサポート

〈漢字を書くことが苦手な場合〉
・プリントに手本を書いたり、画数の多い漢字はなぞり書きにしたりする。

〈解答欄に書くことが苦手な場合〉
・解答欄を大きくして書きやすくする。
・記述式ではなく選択式にして、記号などで解答できるようにする。
・付せんに解答の選択肢をいくつか書いておき、生徒が付せんを選んで解答欄に貼って答えられるようにする。

〈メモを取るのが苦手な場合〉
・授業の要点や大事な連絡はあとで見返せるようにプリントやメモで渡す。

〈ノートを取るのが苦手な場合〉
・板書の写真や、使用したスライド資料などを渡す。

目次

はじめに…1
本書の使い方…2
この本で一緒に学ぶ　友達紹介…3
あなたの読み書きスキルをチェック！
読み書きバランスシート…4
読み書きのバランスを見てみよう
あなたはどれに当てはまる？…5
読み書き　サポートの例…6

第1章　文字・漢字……10
1 ひらがなを正しく書く…12
2 カタカナを正しく書く…14
3 濁音・半濁音・拗音・促音を正しく書く…16
4 漢字を正しく書く①（とめ・はね・はらい／筆順）…18
5 漢字を正しく書く②（部首）…20
6 漢字を正しく書く③（同音異義語・送りがな）…22
7 正しいかなづかいで書く…24
8 名前を書く…26
9 都道府県を漢字で正しく書く…28
10 文学作品を写して書く…30
11 文を写して書く…32

第2章　作文……34
1 文を書く…36
2 日記を書く…38
3 くわしく説明する文を書く…40
4 順を追って説明する文を書く…42
5 理由を説明する文を書く…44
6 自分の意見を書く…46
7 気持ちを書く…48
8 原稿用紙に書く…50
9 自分の経験を書く…52
10 自分について書く…54
11 将来の目標について書く…56

第3章　生活の中の書く……58
1　「黒板」の内容をノートに書く…60
2　「テストの解答」を書く…62
3　「メモ」を書く…64
4　「申込書」を書く…66
5　「問診票」や「健康カード」を書く…68
6　「ポスター」を書く…70
7　「宛名」と「自分の住所」を書く…72
8　「手紙」を書く…74
9　「履歴書」を書く…76

第4章　英語……78
1　アルファベットを正しく書く…80
2　数字・曜日を英語で書く…82
3　月の名前を英語で書く…84
4　英文を書く…86
5　英語で自己紹介文を書く…88

マス目・ノート用紙…90
原稿用紙…91
解答…92
作文の解答例…93

第1章 文字・漢字

テストの解答、答えは合っていたのに「読めない」と言われて×にされちゃった……。

マス目がないと字が不ぞろいになって書きづらいよね。

文字を書く機会もまだまだ多いもの。形や大きさを意識して文字を書けると、自分も相手も読みやすいですね。

☑「いま」をチェック

- □ ひらがなやカタカナを正しく書くことができる
- □ 習った漢字を使って文を書くことができる
- □ 学校の先生の名前や自分の住所などを漢字で正しく書くことができる
- □ 教科書や黒板に書いてある文を正確に写すことができる

【先生・保護者の方へ】

文字を上手く書けない生徒は手先の不器用さがあったり、文字の形をとらえることの苦手さがあったりします。他の生徒と同じやり方で書けるようになるまでくり返し練習するのではなく、「手本を拡大する」「タブレットを活用する」など、その生徒に合った支援を取り入れましょう。この章では、ひらがな・カタカナと生活でよく書く漢字を練習します。文字の書き方を確認しながら、生徒が書きやすいくふうを一緒に探してください。

指導・支援のポイント

- ○手本をなぞったり写したりして、文字の形を確認する
- ○書くときの姿勢や筆記具の持ち方を確認する
- ○身近なもの・興味のあるものから書いてみる（身近な人名や地名、好きな作品など）

やってみよう！

【文字を書くときの姿勢】

〈正しい姿勢〉

顔を机から離す
背筋を伸ばす
握りこぶし一つ分空ける
両足の裏を床につける

【正しい鉛筆の持ち方】

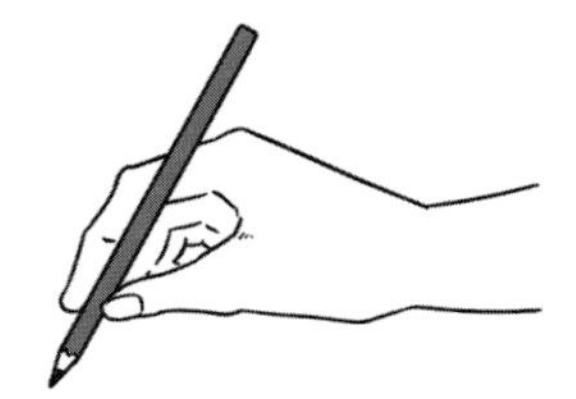

❶ 親指と人差し指で鉛筆をつまむ

❷ 中指で下から鉛筆を支える

❸ 手のひらには卵一つ分の空間を空ける

力を入れ過ぎないように持とう！

チャレンジ

① 氏名を書きましょう。

② 担任の先生の名前を漢字で書きましょう。

③ 住所を漢字で書きましょう。

④ 次の文を漢字やカタカナに直して書きましょう。

・あしたは　さっかーの　たいかいが　あります。

・しちがつ　ついたち　から　てすとが　はじまります。

1 ひらがなを正しく書く

「ひらがな」はわたしたちの多くがはじめに習う文字です。手本をなぞって正しい形を確認し、ノートに写しましょう。また、下のワークに取り組みましょう。

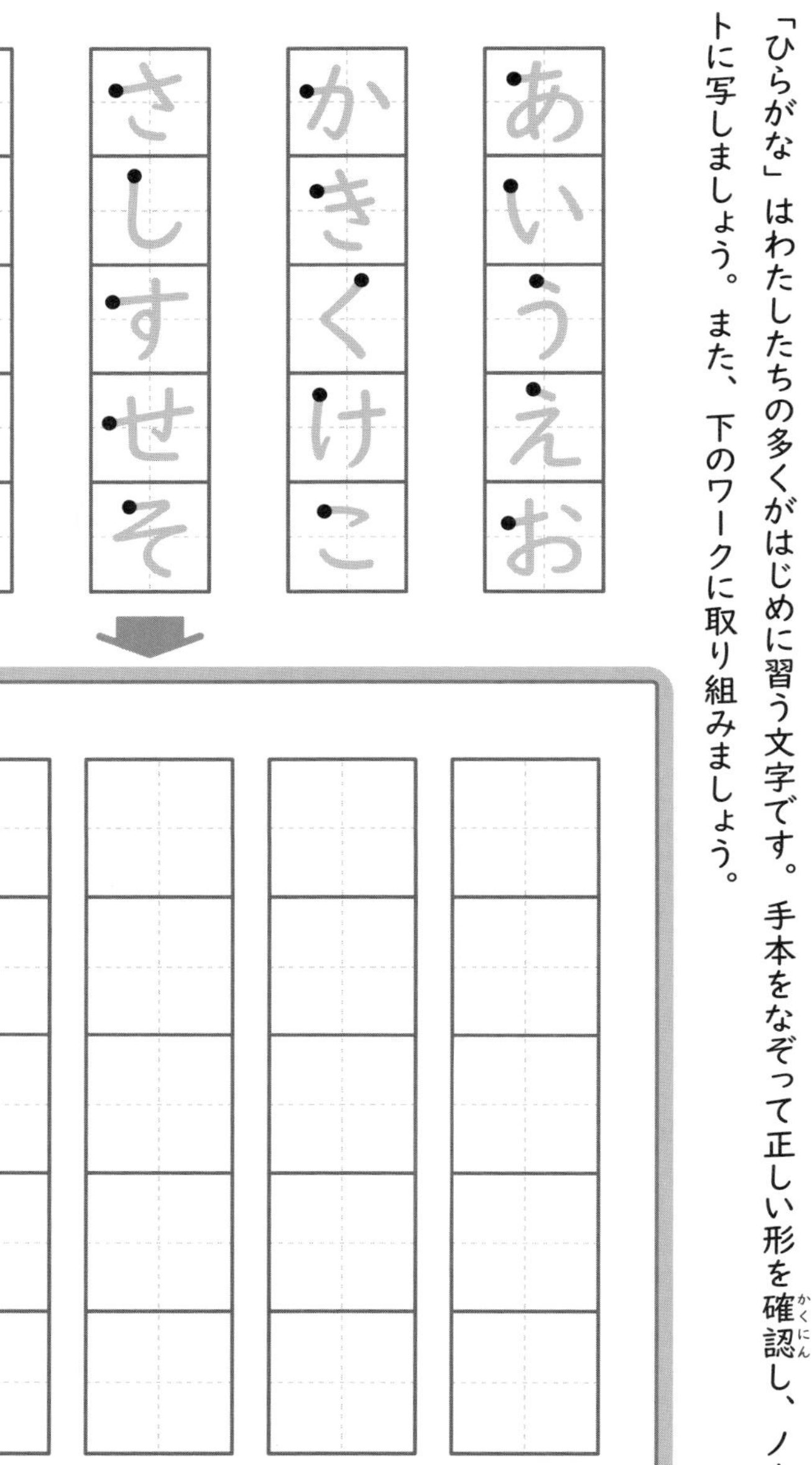

ワーク1 正しい筆順で書きましょう。

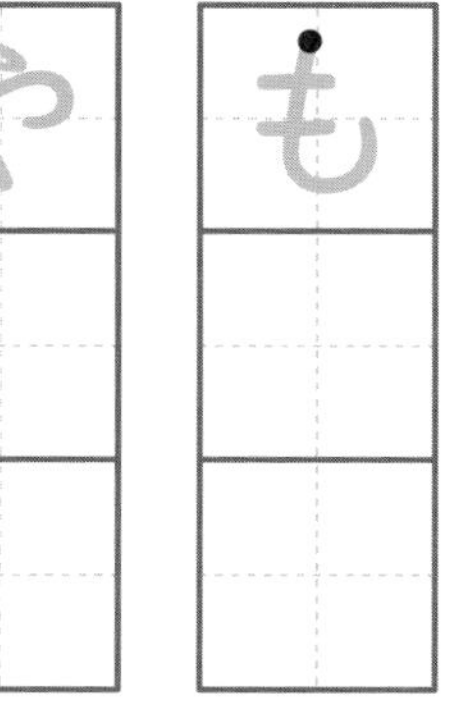

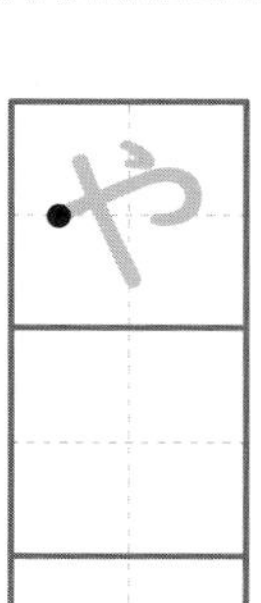

アドバイス

「ひらがな」、自己流で書いていませんか?

□形は合っていますか?
□正しい筆順で書けていますか?
□マス目の中に書けていますか?

チェックしながら書いてみましょう!

年　月　日

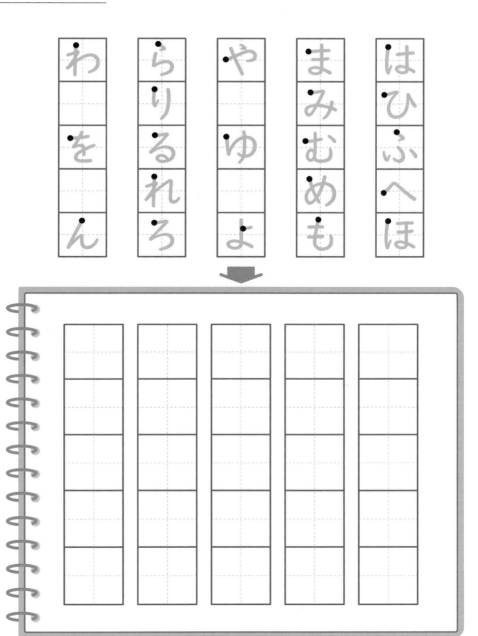

はひふへほ
まみむめも
やゆよ
らりるれろ
わをん

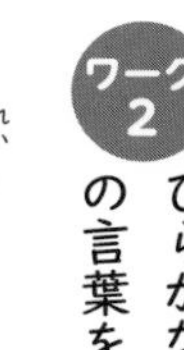

ワーク2 ひらがなを使って、三文字の言葉を書きましょう。

〈例（れい）〉 つくえ

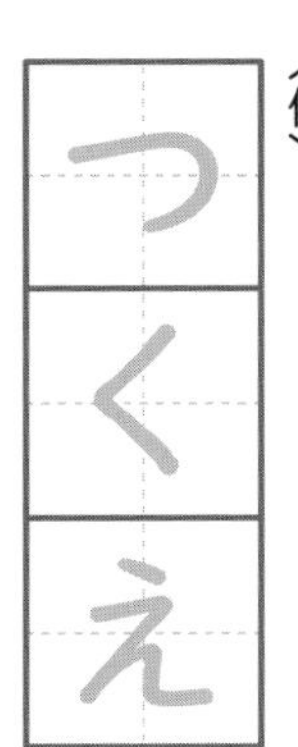
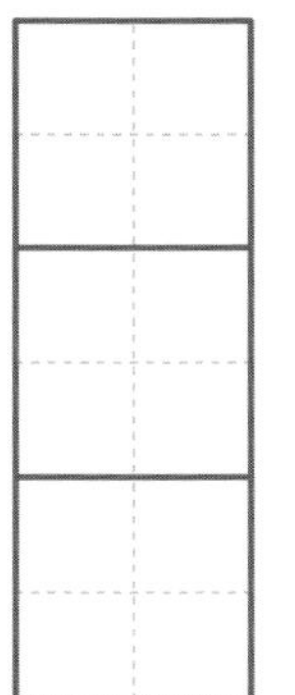
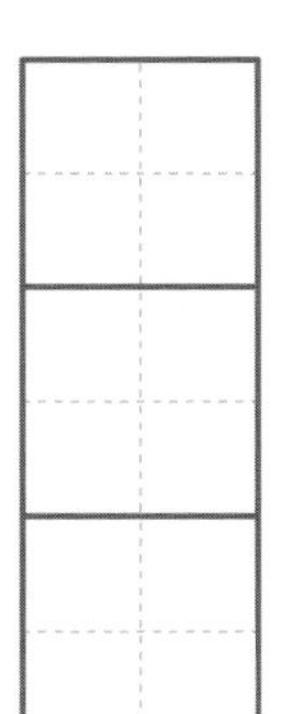
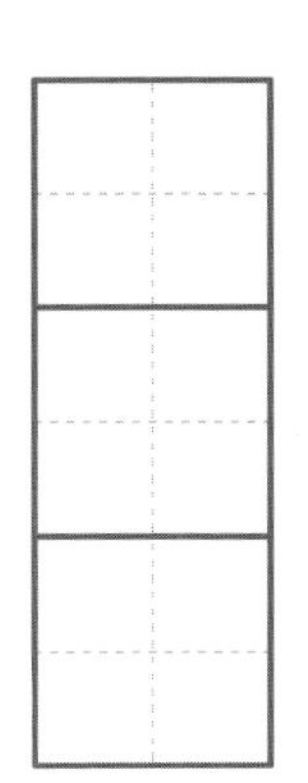

2 カタカナを正しく書く

生活の中でよく使う「カタカナ」を正しく書けていますか。手本をなぞって、正しい形を確認し、ノートに写しましょう。また、下のワークに取り組みましょう。

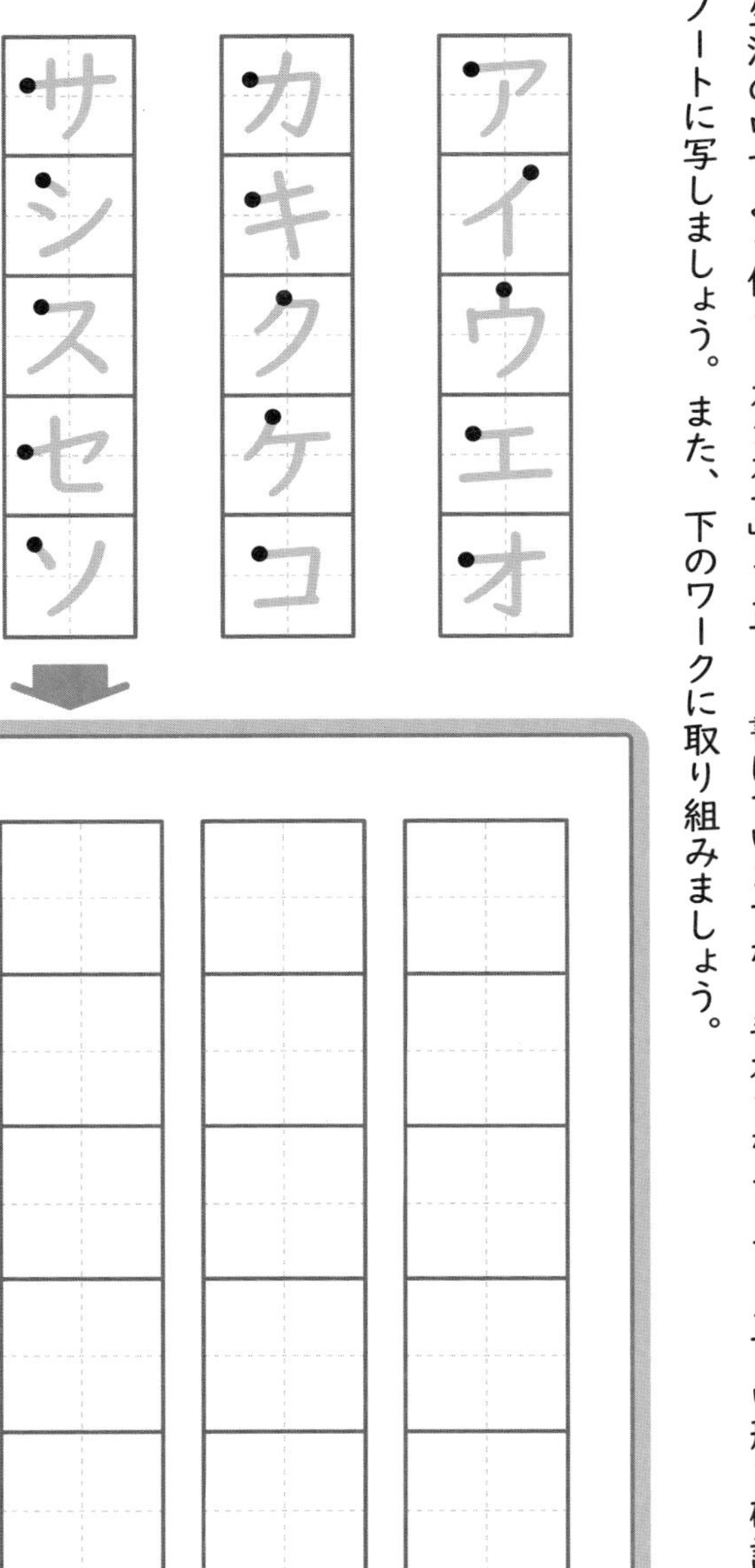

ワーク1 似ている形のカタカナを書きましょう。

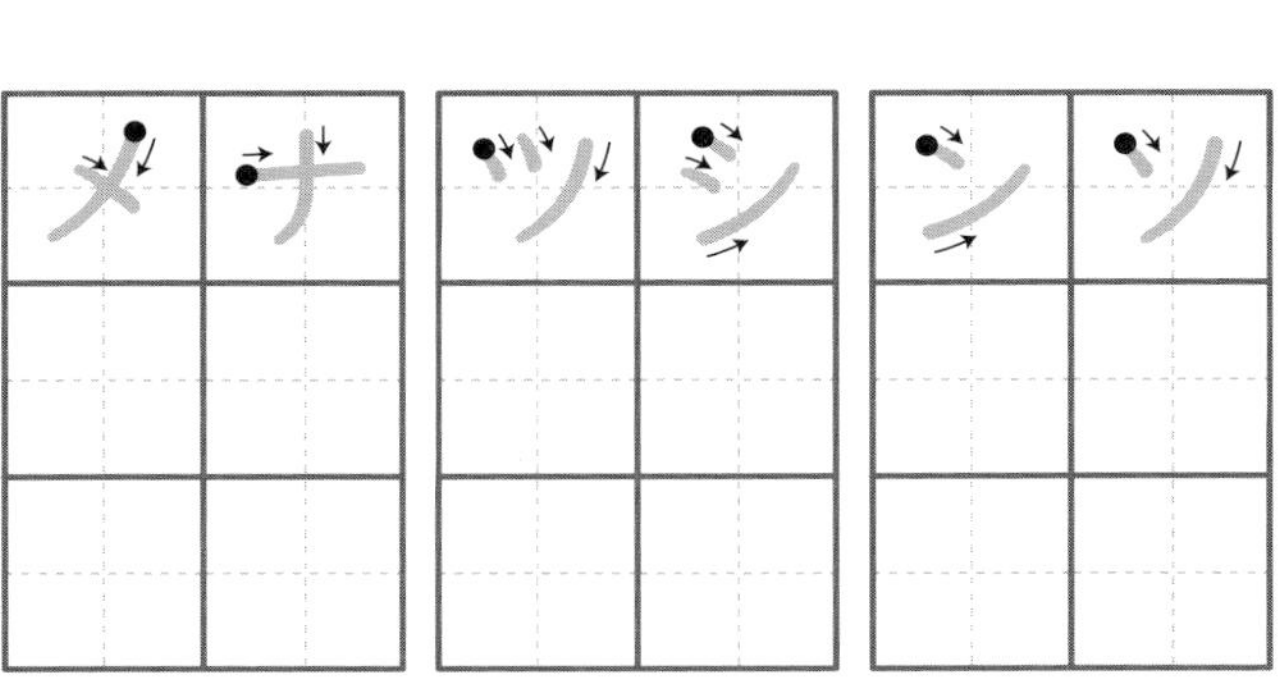

アドバイス

「カタカナ」は主に「外来語（外国から入ってきた言葉）」や「擬音語・擬態語（音や様子を表す言葉）」を表すときに使います。

〈例〉ケーキを食べる。（外来語）
犬がワンワンほえる。（擬音語）
星がキラキラ光る。（擬態語）

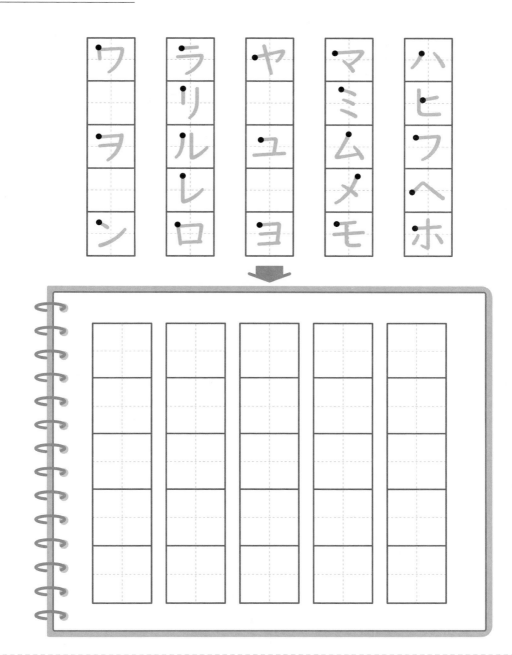

年　月　日

ハ ヒ フ ヘ ホ

マ ミ ム メ モ

ヤ ユ ヨ

ラ リ ル レ ロ

ワ ヲ ン

ワーク2 カタカナで表す文房具（ぶんぼうぐ）の名前を三つ書きましょう。

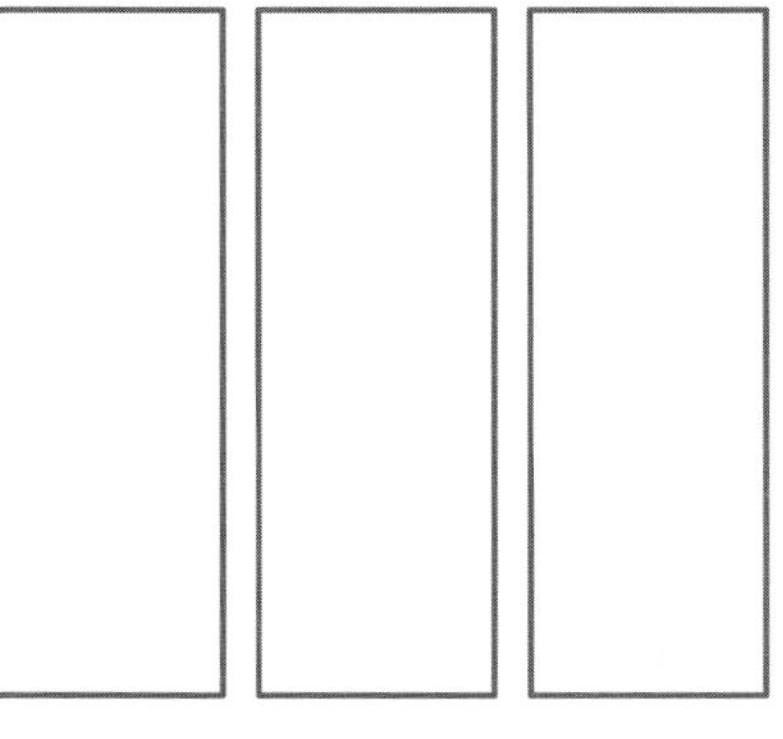

アドバイス

カタカナには「カ・か」「セ・せ」など、ひらがなに形（かたち）が似（に）ている文字があります。書いた後にひらがなになっていないか見直ししてみましょう。

〈例（れい）〉× ドリル
× メも

3 濁音・半濁音・拗音・促音を正しく書く

上の説明を読んでから、下のお手本をノートに写して濁音や拗音の書き方を確認しましょう。また、下のワークに取り組みましょう。

【濁音・半濁音】

「が・ぎ・ぐ」のように「濁点（゛）」がつく音を「濁音」、「ぱ・ぴ・ぷ」のように「半濁点（゜）」がつく音を「半濁音」といいます。濁点や半濁点は文字の右上につけます。

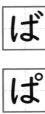

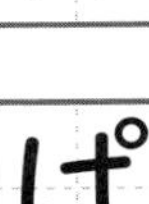

【拗音・促音】

「きゃ・しゅ」（拗音）や「っ」（促音）の小さい「ゃ・ゅ・ょ・っ」はマス目の右上におさまるくらいの大きさで書きます。

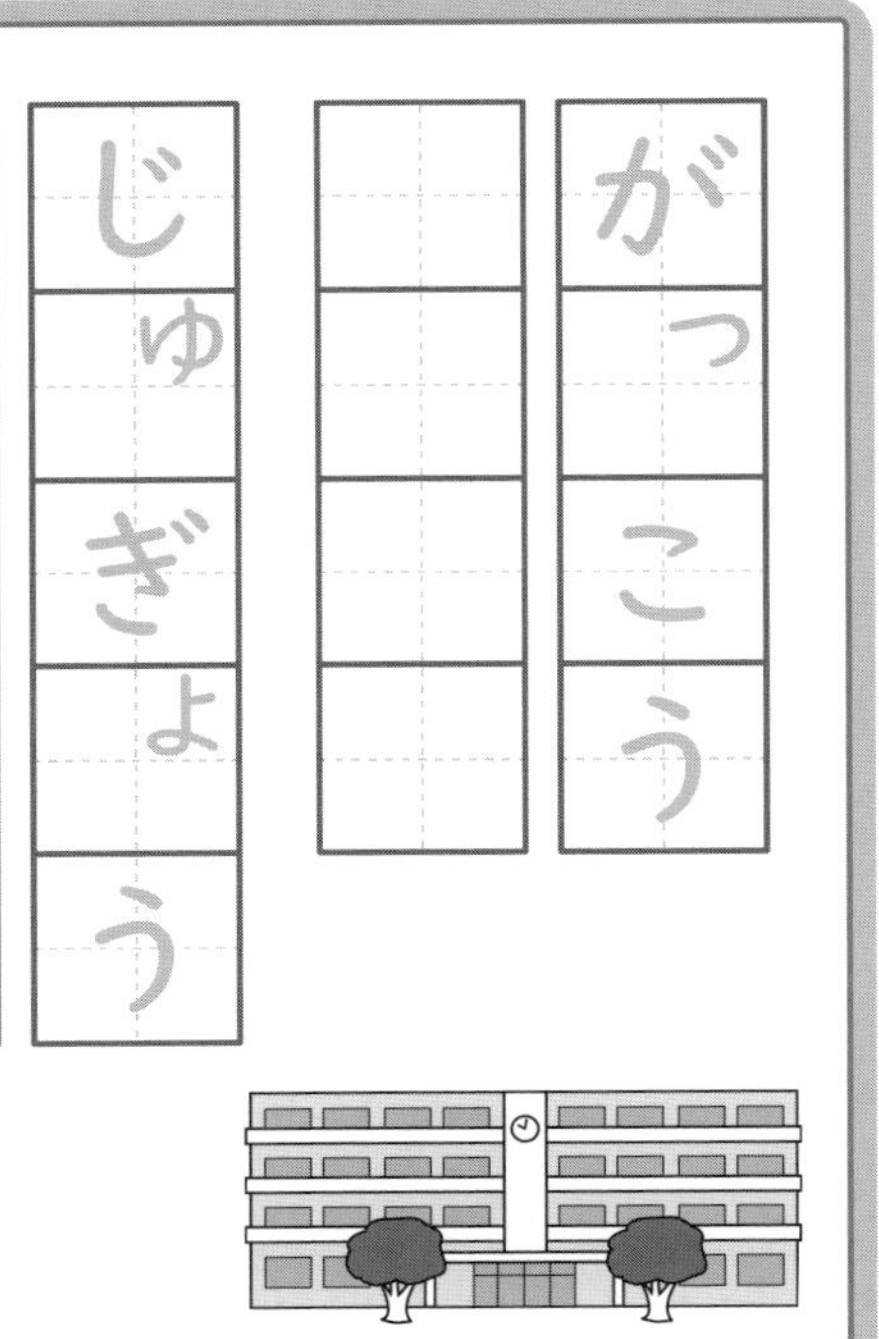

ワーク1 「拗音（ゃ・ゅ・ょ）」がつく野菜を三つひらがなで書きましょう。

ワーク2 「促音（っ）」がつく言葉を三つひらがなで書きましょう。

年　月　日

今日の学級会は、球技大会の種目決め！　黒板に書いてあるスポーツを見て、あなたが参加したいと思うものを三つ選んで書きましょう。また、下のワークに取り組みましょう。

・サッカー
・フットサル
・バスケットボール
・バレーボール
・バドミントン
・ハンドボール
・ドッジボール

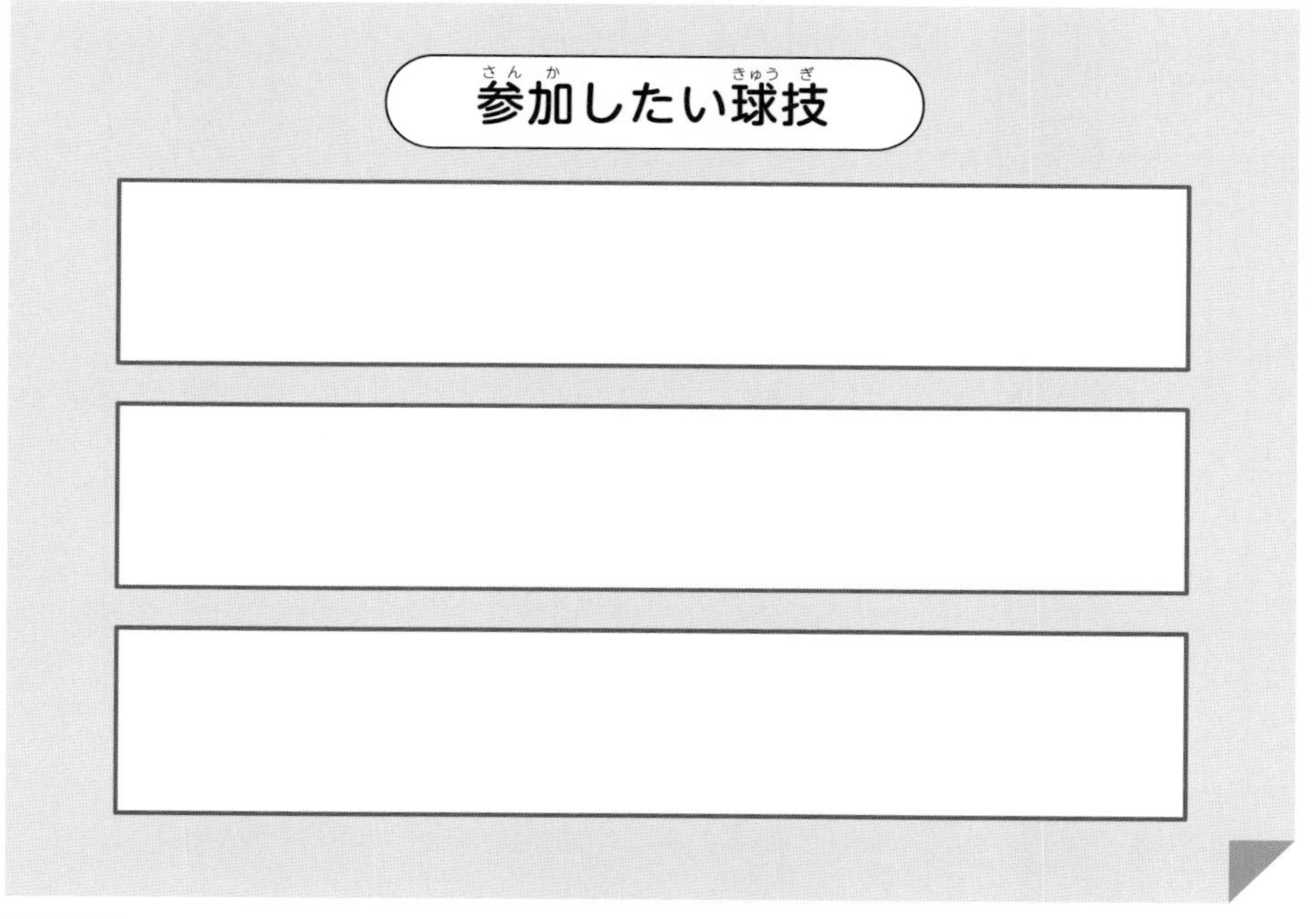

ワーク3 「濁点（゛）」もしくは「半濁点（゜）」がつくレストランのメニューをカタカナで三つ書きましょう。

「゛」や「゜」は文字の右上に載せるイメージだね！

4 漢字を正しく書く①（とめ・はね・はらい／筆順）

「ひらがな」「カタカナ」の次は、「漢字」の書き方を練習しましょう。お手本をなぞってノートに写し、筆順も確認しましょう。また、下のワークに取り組みましょう。

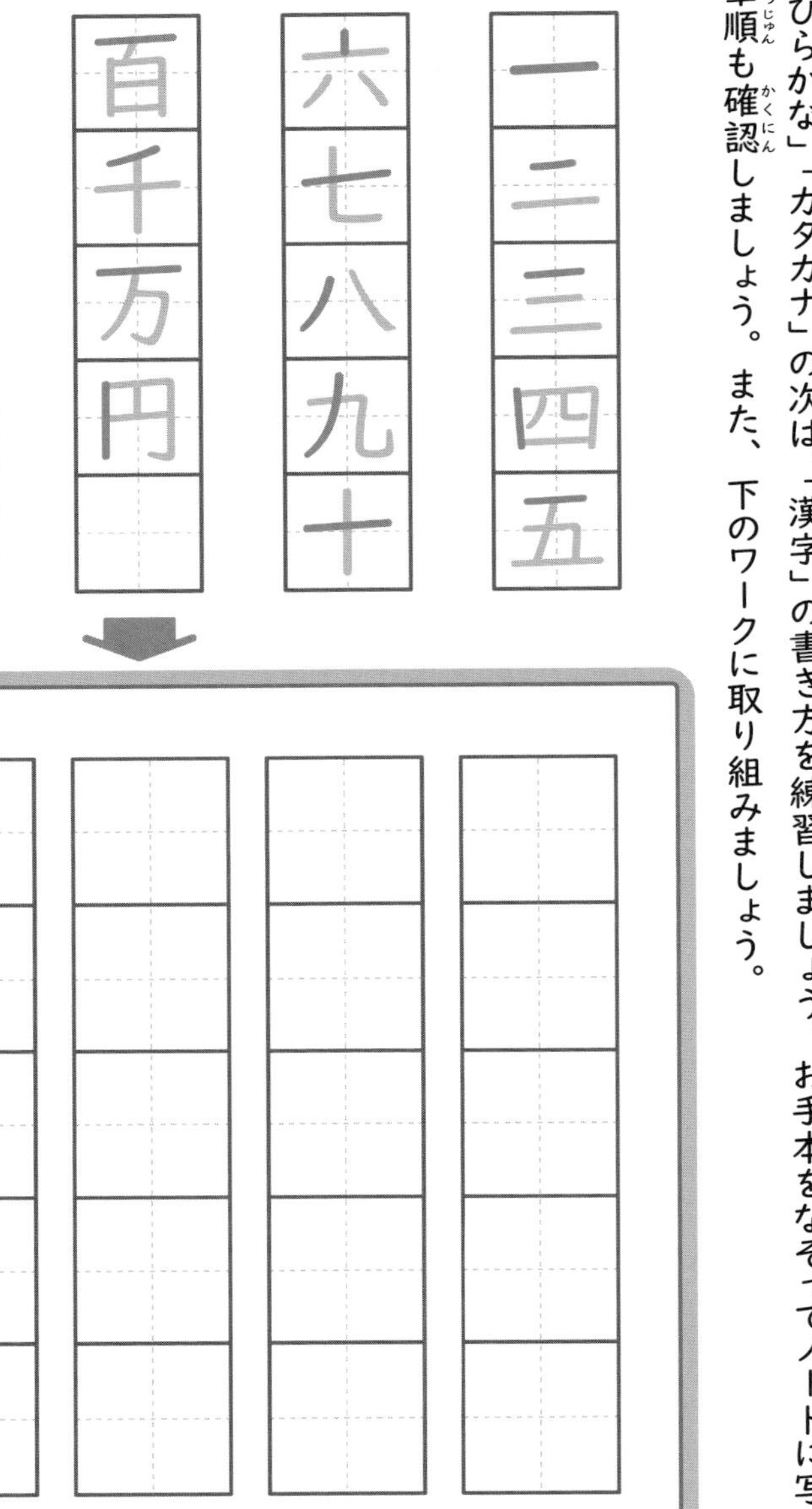

アドバイス

漢字をていねいに書くためには…

①お手本の形をよく見て、とめ・はね・はらいを意識して書いてみましょう。

②正しい筆順で書いてみましょう。（「上から下」「左から右」で書きましょう。）

調べたい漢字と「筆順（書き順）」で検索すると正しい書き方がわかる！

ワーク1

「とめ・はね・はらい」に気をつけて書きましょう。

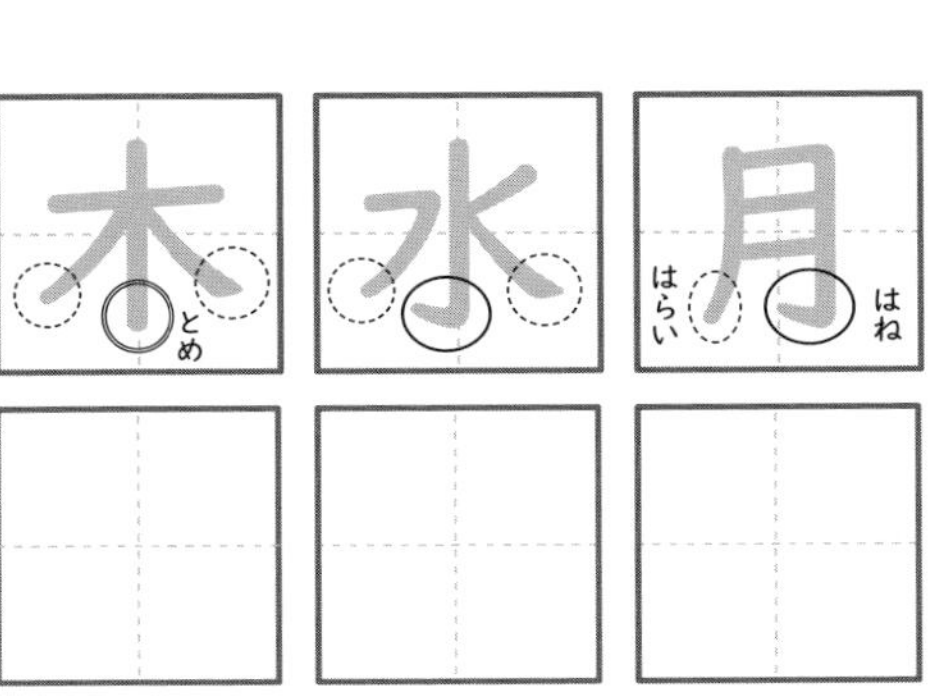

年　月　日

右ページで書いた漢字の中から□にあてはまる漢字を書きましょう。また、下のワークに取り組みましょう。

○イラストのお金はいくら？　漢字で書いてみましょう。

円	円	円	円

○今日（きょう）の日付（ひづけ）と曜日を漢字で書いてみましょう。

　月　日　曜日

○明後日（あさって）の日付（ひづけ）と曜日を漢字で書いてみましょう。

　月　日　曜日

○あなたの誕生日（たんじょうび）を漢字で書いてみましょう。

　月　日

縦（たて）書きの場合は、漢数字で書くことが多いね。

ワーク2 次のひらがなを漢字に直して日付（ひづけ）を書きましょう。

しがつ　ついたち

しちがつ　なのか

じゅうがつ　はつか

日付（ひづけ）の読み方

- 一日（ついたち）
- 二日（ふつか）
- 三日（みっか）
- 四日（よっか）
- 五日（いつか）
- 六日（むいか）
- 七日（なのか）
- 八日（ようか）
- 九日（ここのか）
- 十日（とおか）
- 二十日（はつか）

5 漢字を正しく書く②（部首）

漢字はへんやつくりなどのいくつかの形が組み合わさってできています。へん（つくり）の大きさや形に気をつけて、それぞれのへん（つくり）がつく漢字を三つ書きましょう。また、下のワークに取り組みましょう。

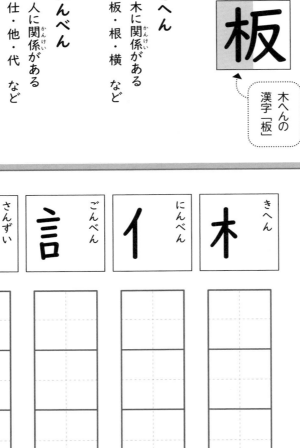

つくり　へん

↓

板

木へんの漢字「板」

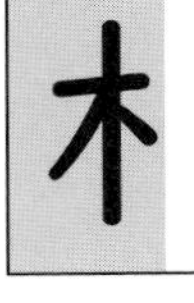

きへん
木に関係がある
板・根・横　など

にんべん
人に関係がある
仕・他・代　など

ごんべん
言葉に関係がある
読・語・説　など

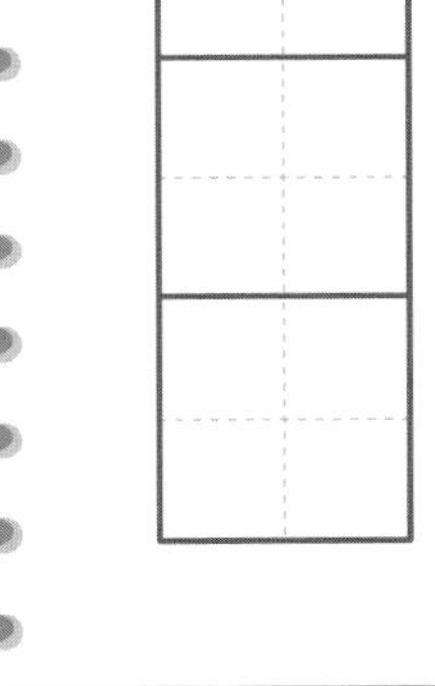

ワーク1 それぞれの部首の位置や大きさに気を付けてなぞりましょう。

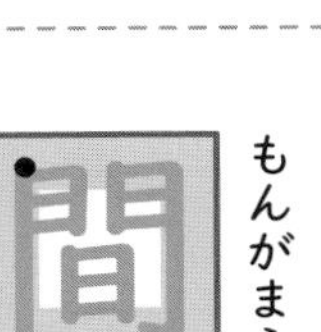

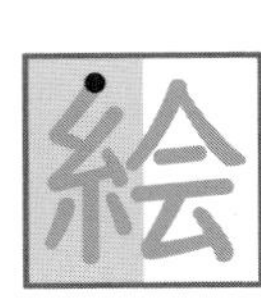

持　てへん
歌　あくび
答　たけかんむり
思　こころ
間　もんがまえ
絵　いとへん
動　ちから
雪　あめかんむり
買　かい
風　かぜがまえ

年　月　日

つくり

頁

おおがい

頭に関係（かんけい）がある

頭・顔・順　など

かんむり

艹

くさかんむり

植物に関係（かんけい）がある

草・花・芸　など

あし

灬

れんが

火や炎（ほのお）に関係（かんけい）がある

点・然・照　など

かまえ

口

くにがまえ

「囲（かこ）む」意味がある

国・囲・図　など

頁 おおがい　艹 くさかんむり　灬 れんが　口 くにがまえ

へんやつくりを
意識すると
バランスよくかけた！

ワーク2

左の図を参考（さんこう）に、「まだれ」「しんにょう」の漢字を書きましょう。

〈たれ〉

まだれ

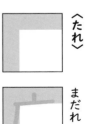

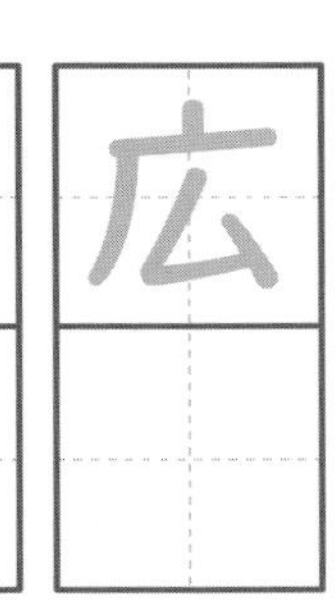

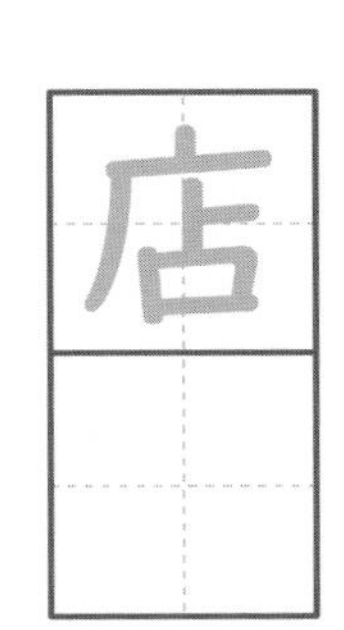

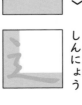

〈にょう〉

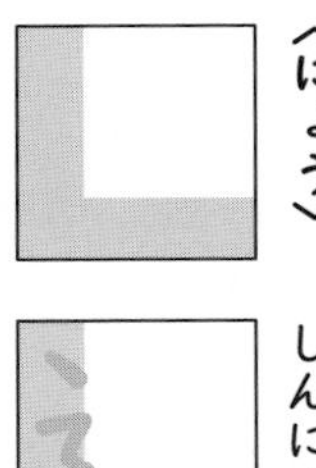

しんにょう

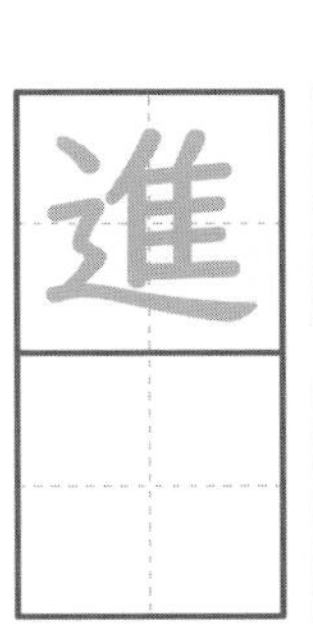

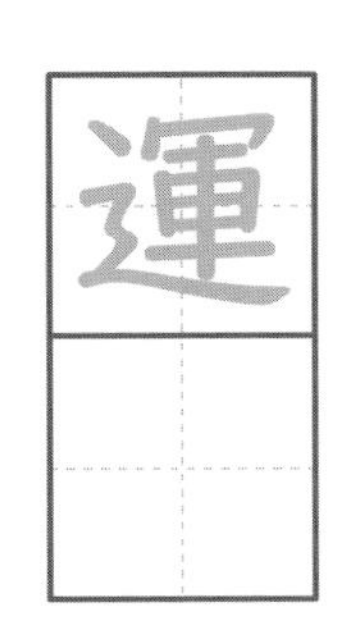

6 漢字を正しく書く③（同音異義語・送りがな）

「暑い」「熱い」「厚い」のように、同じ読み方でも意味が異なる言葉を「同音異義語」といいます。文の意味を考えながら、正しい漢字を□から選んでノートに書きましょう。また、下のワークに取り組みましょう。

① 夏は あつい。
② あつい お茶を 飲む。
③ あつい 本を 読む。

熱・厚・暑

④ 新幹線は はやい。
⑤ はやく 起きる。

早・速

①
②
③
④
⑤

ワーク1 同音異義語に気をつけて漢字で書きましょう。

・目を□ます。（さ）
・時間を□る。（はか）
・数学□□を勉強した。（い がい）

ワーク2 あなたが知っている同音異義語を書きましょう。

〈例〉 人工 人口

年　月　日

「食べる」「歩く」のように漢字を訓読(くんよ)みで読む場合、「送りがな」がつくことがあります。傍線部(ぼうせんぶ)の言葉の送りがなを調べて、漢字に直してノートに書きましょう。また、下のワークに取り組みましょう。

① 階段(かいだん)を　あがる。
② 係の仕事を　おこなう。
③ みじかい　えんぴつ。
④ グラフに　あらわす。
⑤ 新たな作品が　うまれる。

①
②
③
④
⑤

ワーク3 送りがなを調べて漢字で書きましょう。

細
こまかい
ほそい

生
いきる
うまれる

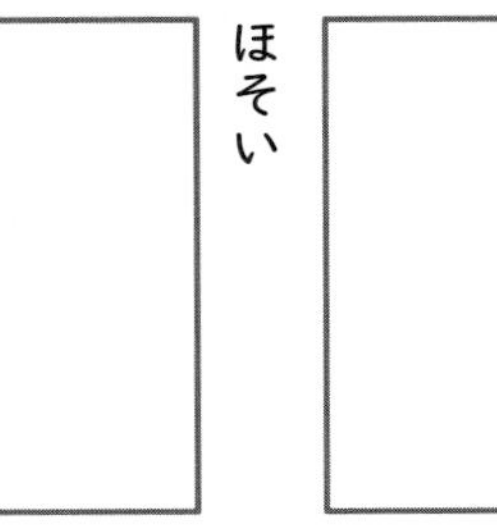

送りがなを変(か)えると、違(ちが)う意味の言葉になるんだね！

7 正しいかなづかいで書く

次の文の傍線部を正しいかなづかいに直して書きましょう。また、下のワークに取り組みましょう
（例「おねいさん」→「おねえさん」）。

① セーターがちぢむ。

② 雨の日がつずく。

③ 図書室では　しづかにする。

④ トンネルを　とうりぬける。

⑤ 犬が　ちかずいてくる。

①

②

③

④

⑤

アドバイス

同じ音（ず・づ）や似た音（う・お）の使い分けは特に間違いやすいので、見直しをして正しいかなづかいで書けているか確認しましょう。

○ かたづける　× かたずける

○ かんづめ　× かんずめ

ワーク1 正しいかなづかいで読みがなを書きましょう。

・短い

・弟

・地震

年　月　日

文の中の「カタカナで書く言葉」をカタカナに直してノートに書きましょう。また、下のワークに取り組みましょう。

① この れすとらんの さらだは とても おいしい。

② わたしの 学校には 大きな ぷーると 広い てにすこーとが ある。

③ ぺんと めも帳を 用意する。

①

②

③

アドバイス

ひらがなだけで書かれた文章は読みづらいですが、漢字やカタカナに直して書くと文章の意味が伝わりやすくなります。

〈例〉がっこうでてすとをうける。
↓
学校でテストを受ける。

ワーク2 学校に関連する言葉で、カタカナで表す言葉を三つ書きましょう。

8 名前を書く

あなたの名前をいろいろな枠（わく）に収（おさ）めて書きましょう。また、下のワークに取り組みましょう。

計算テスト　氏名（しめい）（　　　　　　　）

（1）-5＋2＋4＝　　（2）3－8＋9＝

ネームカードに
名前とふりがなを
書こう!

〈例（れい）〉

佐藤（さとう）　あおい

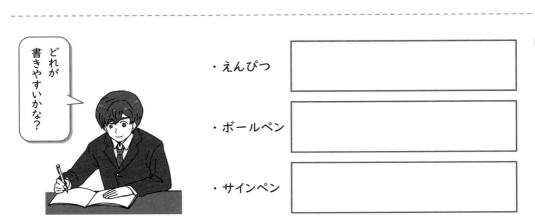

ワーク1 いろいろな筆記具で名前を書いてみましょう。

・えんぴつ

・ボールペン

・サインペン

どれが
書きやすいかな？

年　月　日

いろいろな人の名前を書きましょう。

担任の先生

先生

好きな有名人

歴史上の人物

最近活躍しているスポーツ選手

校長先生

先生

好きな有名人

歴史上の人物

最近活躍しているスポーツ選手

ワーク2 日本に多い名字を漢字で書きましょう。

鈴木

田中

佐藤

高橋

9 都道府県を漢字で正しく書く

左ページの日本地図を見ながら、47都道府県を書きましょう。

北海道・東北地方	①	北海道
	②	青森県
	③	
	④	
	⑤	
	⑥	
	⑦	
関東地方	⑧	茨城県
	⑨	栃木県
	⑩	
	⑪	
	⑫	
	⑬	
	⑭	
中部地方	⑮	新潟県
	⑯	富山県
中部地方	⑰	
	⑱	
	⑲	
	⑳	
	㉑	
	㉒	
	㉓	
近畿地方	㉔	三重県
	㉕	滋賀県
	㉖	
	㉗	
	㉘	
	㉙	
	㉚	
中国地方	㉛	鳥取県
	㉜	島根県
中国地方	㉝	
	㉞	
	㉟	
四国地方	㊱	徳島県
	㊲	香川県
	㊳	
	㊴	
九州地方・沖縄	㊵	福岡県
	㊶	佐賀県
	㊷	
	㊸	
	㊹	
	㊺	
	㊻	
	㊼	

年　月　日

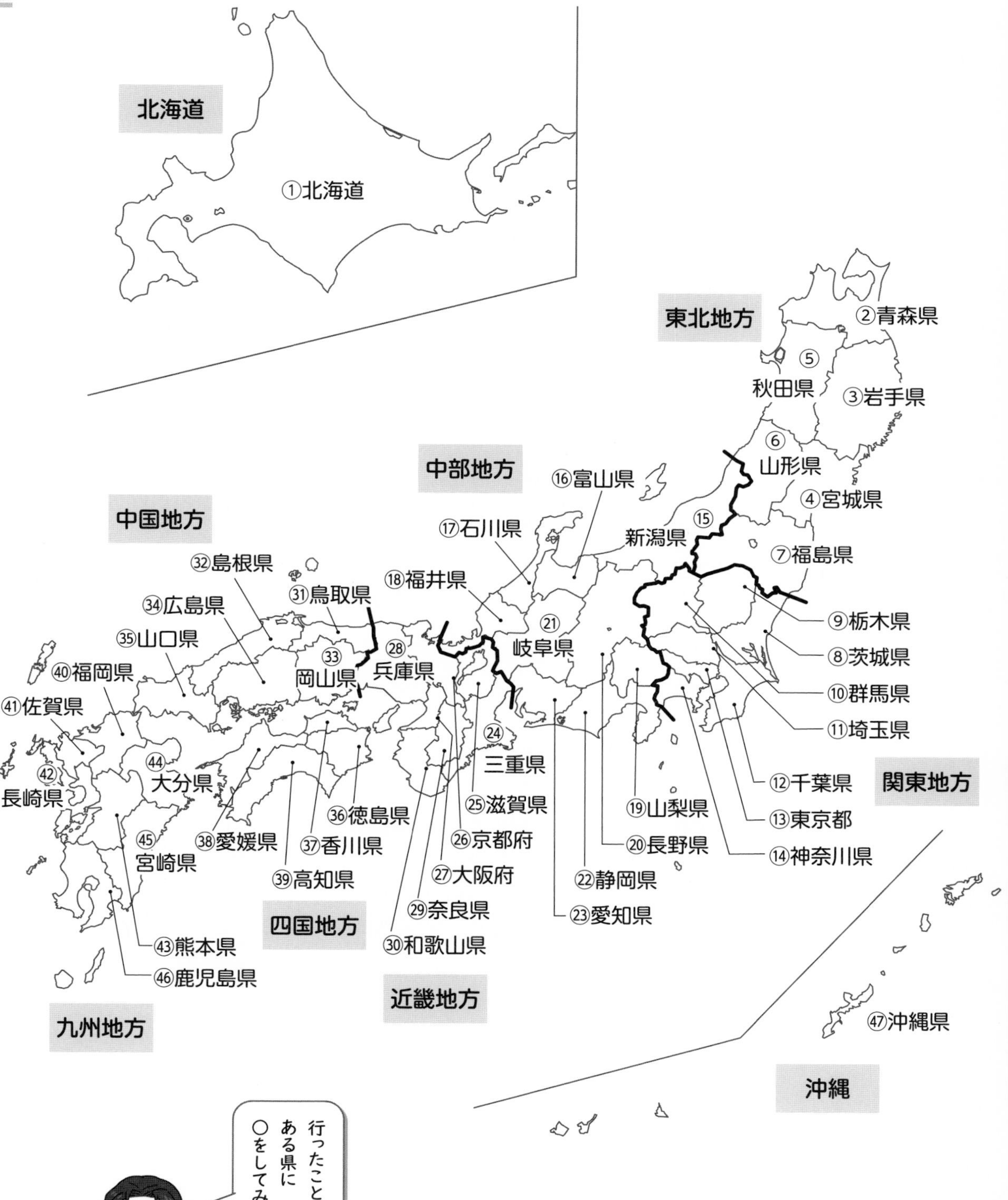

北海道
①北海道

東北地方
②青森県
③岩手県
④宮城県
⑤秋田県
⑥山形県
⑦福島県

関東地方
⑧茨城県
⑨栃木県
⑩群馬県
⑪埼玉県
⑫千葉県
⑬東京都
⑭神奈川県

中部地方
⑮新潟県
⑯富山県
⑰石川県
⑱福井県
⑲山梨県
⑳長野県
㉑岐阜県
㉒静岡県
㉓愛知県

近畿地方
㉔三重県
㉕滋賀県
㉖京都府
㉗大阪府
㉘兵庫県
㉙奈良県
㉚和歌山県

中国地方
㉛鳥取県
㉜島根県
㉝岡山県
㉞広島県
㉟山口県

四国地方
㊱徳島県
㊲香川県
㊳愛媛県
㊴高知県

九州地方
㊵福岡県
㊶佐賀県
㊷長崎県
㊸熊本県
㊹大分県
㊺宮崎県
㊻鹿児島県

沖縄
㊼沖縄県

行ったことがある県に○をしてみよう！

10 文学作品を写して書く

国語の授業に登場する近現代文学の作者名、作品名や作品の一節を写して書き、国語の世界に親しみましょう。また、下のワークに取り組みましょう。

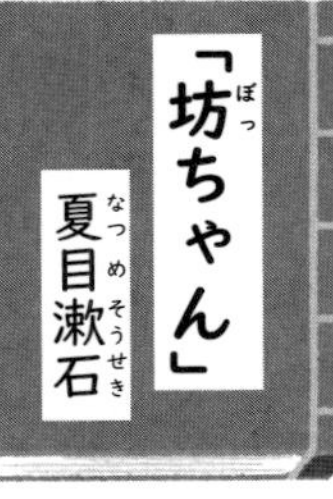

●明治時代の小説。夏目漱石の代表作の一つ。

作品名

作者名

「羅生門」
芥川龍之介

●大正時代の小説。平安時代を舞台に、人間の利己主義を描いている。

作品名

作者名

「走れメロス」
太宰治

●昭和初期の作品。友情と信頼を描いている。

作品名

作者名

ワーク1 あなたの好きな本の題名と作者を書いてみましょう。

題名

作者名

ワーク2 今世の中で話題になっている本ってどんな本？　題名と作者を調べて書いてみましょう。

題名

作者名

年　月　日

吾輩は猫である。
名前はまだ無い。
どこで生れたか
とんと
見当がつかぬ。

（「吾輩は猫である」／夏目漱石）

アドバイス

「漢字」「ひらがな」を使った文章を書く時には、「漢字」をやや大きく、「ひらがな」をやや小さく書くと読みやすくなります。

〈例〉

○ **吾輩は猫である。**（漢字がやや大きい）

△ **吾輩は猫である。**（ひらがながやや大きい）

11 文を写して書く

生活の中ではさまざまな文を写す機会(きかい)があります。次の文をノートに写して書きましょう。また、下のワークに取り組みましょう。

来週の予定
・10日（月）漢字テスト
・11日（火）体力測定(そくてい)
↓体育着を忘(わす)れずに
・13日（木）遠足
↓東山駅に8時に集合

ワーク1 □の中にあてはまる数字を書きましょう。

今日(きょう)の日付(ひづけ)
□月 □日

あなたの誕生日(たんじょうび)
□月 □日

あなたの学年とクラス
□年 □組

アドバイス

漢字の細かい部分がわかりづらいときには、スマートフォンやタブレットで検索(けんさく)して拡大(かくだい)して確認(かくにん)してみましょう！

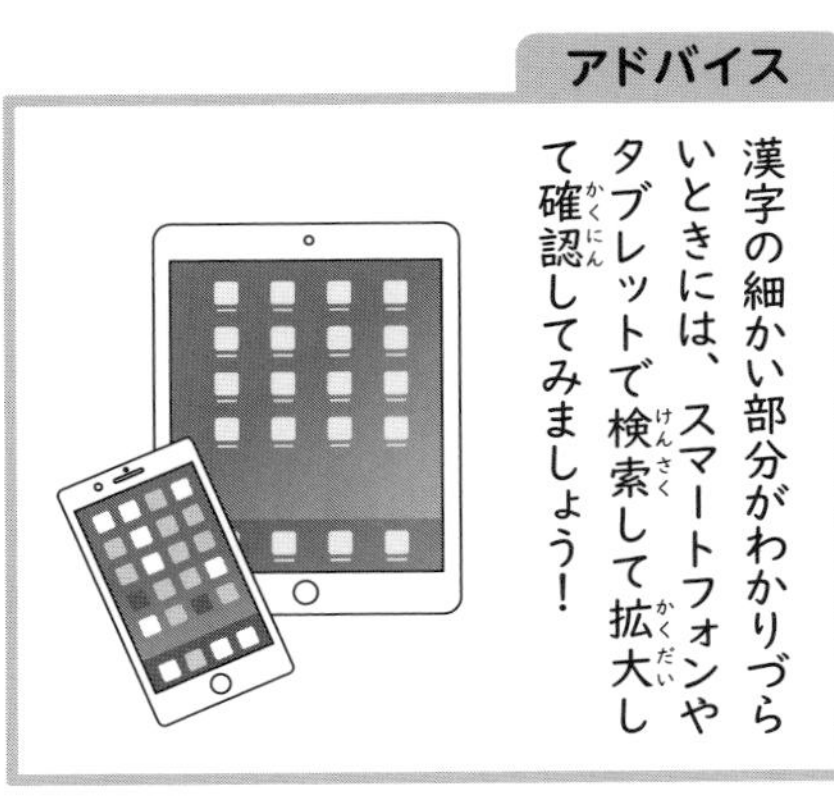

年　月　日

五月三日は、全国的(ぜんこくてき)に
晴れる所が多いでしょう。
最高(さいこう)気温は平年並(な)みと
なりそうです。
九州地方では所により
にわか雨が降(ふ)るもようです。

ワーク2 新聞の記事の中から、気になる記事を一つ選(えら)び、その見出しと書き出しの一文を写してみましょう。

・見出し

・書き出し

第2章 作文

宿題で「作文」が
出された……。
毎回書けなくて
悩んじゃうな……。

話すことはできても、
うまく書けないよね…。

まずは短い文から、少しずつ書く
練習をしていきましょう！
自分の意見や気持ちもコツを
つかめば書けるようになりますよ！

☑「いま」をチェック

- □「いつ・どこで・誰が・どうした」を使って文を書くことができる
- □文章で「理由」や「自分の気持ち」を説明することができる
- □原稿用紙の正しい使い方がわかる
- □200字程度でテーマに沿って作文を書くことができる

【先生・保護者の方へ】

「気持ちを言語化することが苦手」「構成を考えることが苦手」など、さまざまな理由で作文に苦手意識を持つ生徒は少なくありません。この章では、「主語＋述語」の短い文の組み立てから、作文（200字程度）まで扱います。自分の体験や気持ちを文章で表すことを目標に、生徒の力に合わせて書きやすい課題から取り組めるようにしましょう。

指導・支援のポイント

○短い文で、文の組み立てから確認する
○身近な内容をテーマに、書いて説明してみる（道案内、料理の手順など）
○原稿用紙の使い方から一緒に確認する

【文の書き方】

主語
文の中で「何（誰）が」「何（誰）は」を表す部分。

述語
「どうする（どうした）」「どんなだ」「何だ」を表す部分。
〈例〉わたしは＋走る。（誰が＋どうする）／先生は＋やさしい。（誰が＋どんなだ）

くわしく説明するとき
「いつ」「どこで」「誰が」「何を」「どうする」を入れる。
〈例〉昨日、体育館で　わたしは　ピアノを　弾いた。

順を追って説明するとき
「はじめに」「次に」「そして（それから）」「最後に」などの言葉を使って説明する。
〈例〉**はじめに、**フライパンに油をひきます。**次に、**卵を割り入れます。**そして、**卵に火を通します。**最後に、**塩・こしょうをふって目玉焼きの完成です。

理由を説明するとき
「～だから（から）」「～なので」「～ため」などの言葉を使う。
〈例〉手帳を使うのは、予定を忘れないためです。

【文を書くときのきまり】

読点（、） 文の中の意味の切れ目につける。
句点（。） 文の終わりにつける。
かぎ「」 話した言葉や作品の題名などにつける。
かっこ（） 説明したりおぎなったりする言葉や思ったことなどにつける。

チャレンジ

① 昨日の出来事について「いつ」「どこで」「何を」「どうした」がわかるように文を書きましょう。

② あなたの好きな季節と、その理由を書きましょう。

③ 「うれしい」「悲しい」「悔しい」を使って文を書いてみましょう。

うれしい ↓

悲しい ↓

悔しい ↓

1 文を書く

文の基本である「主語」「述語」に注目して、□に当てはまる言葉を考えて文を書きましょう。また、下のワークに取り組みましょう。

【主語】
文の中で「何（誰）が」「何（誰）は」を表す部分。

【述語】
「どうする（どうした）」「どんなだ」「何だ」を表す部分。

【主語＋述語の文】

・何が（は）＋どうする
〈例〉犬が　走る。（動作を表す）

・何が（は）＋どんなだ
〈例〉花が　美しい。（様子を表す）

・何が（は）＋何だ
〈例〉キャベツは　野菜だ。

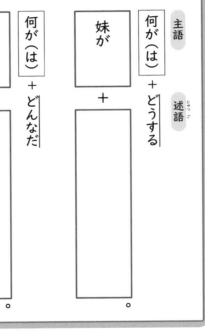

主語　述語

何が（は）＋どうする
妹が ＋ □。

何が（は）＋どんなだ
空が ＋ □。

何が（は）＋何だ
りんごは ＋ □。

ワーク1 □に言葉を入れて、文を書きましょう。

・何が（は）＋どうする
ねこが ＋ □。
電車が ＋ □。

・何が（は）＋どんなだ
海は ＋ □。
ラーメンは ＋ □。

・何が（は）＋何だ
野球は ＋ □。

年　月　日

「わたしは＋どんなだ」「わたしは＋何だ」の文を作って書きましょう。また、下のワークに取り組みましょう。

〈例(れい)〉わたしは明るい。／わたしは一年生だ。

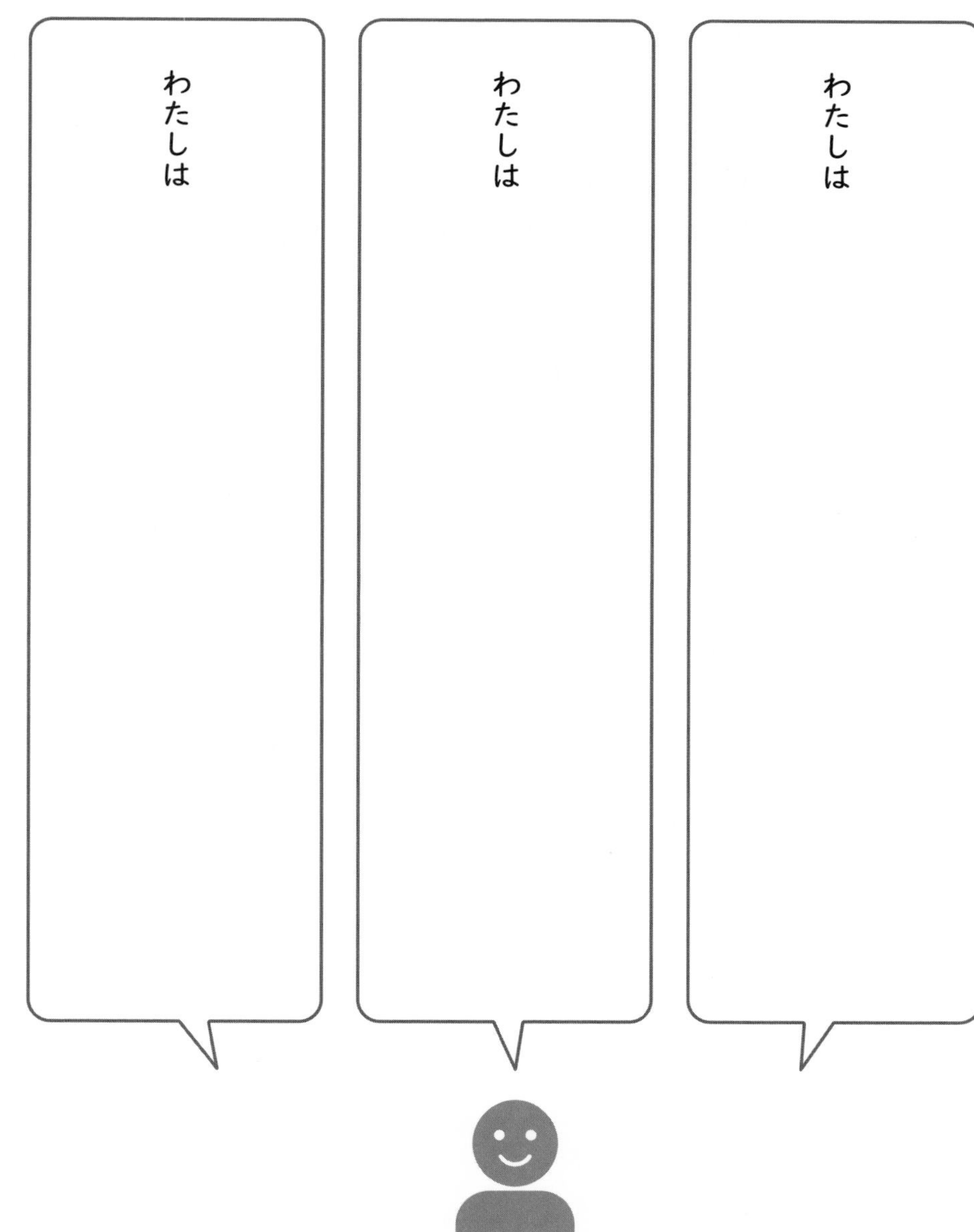

ワーク2 「先生(友達(ともだち))は＋どんなだ」「先生(友達(ともだち))は＋何だ」の文を作って書きましょう。

・先生(友達(ともだち))は＋どんなだ

〈例(れい)〉先生は優(やさ)しい。

先生は　　　　。

友達(ともだち)は　　　　。

・先生(友達(ともだち))は＋何だ

〈例(れい)〉先生は大人(おとな)だ。

先生は　　　　。

友達(ともだち)は　　　　。

2 日記を書く

「いつ」「どこで」「誰が」「何を」「どうする」を入れて、文を書きましょう。また、下のワークに取り組みましょう。

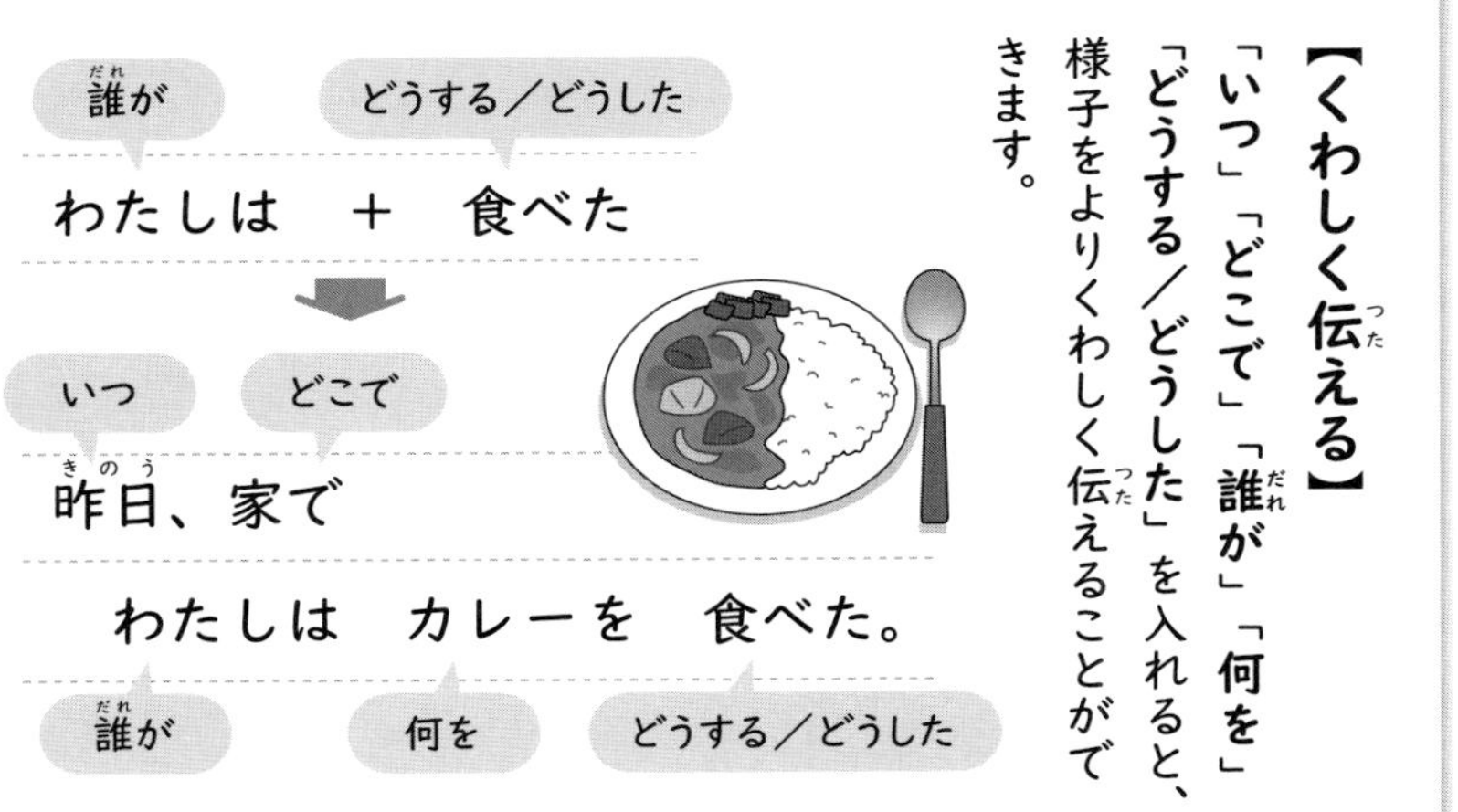

【くわしく伝える】
「いつ」「どこで」「誰が」「何を」「どうする／どうした」を入れると、様子をよりくわしく伝えることができます。
誰が
どうする／どうした
わたしは ＋ 食べた
いつ
どこで
昨日、家で
わたしは カレーを 食べた。
誰が
何を
どうする／どうした

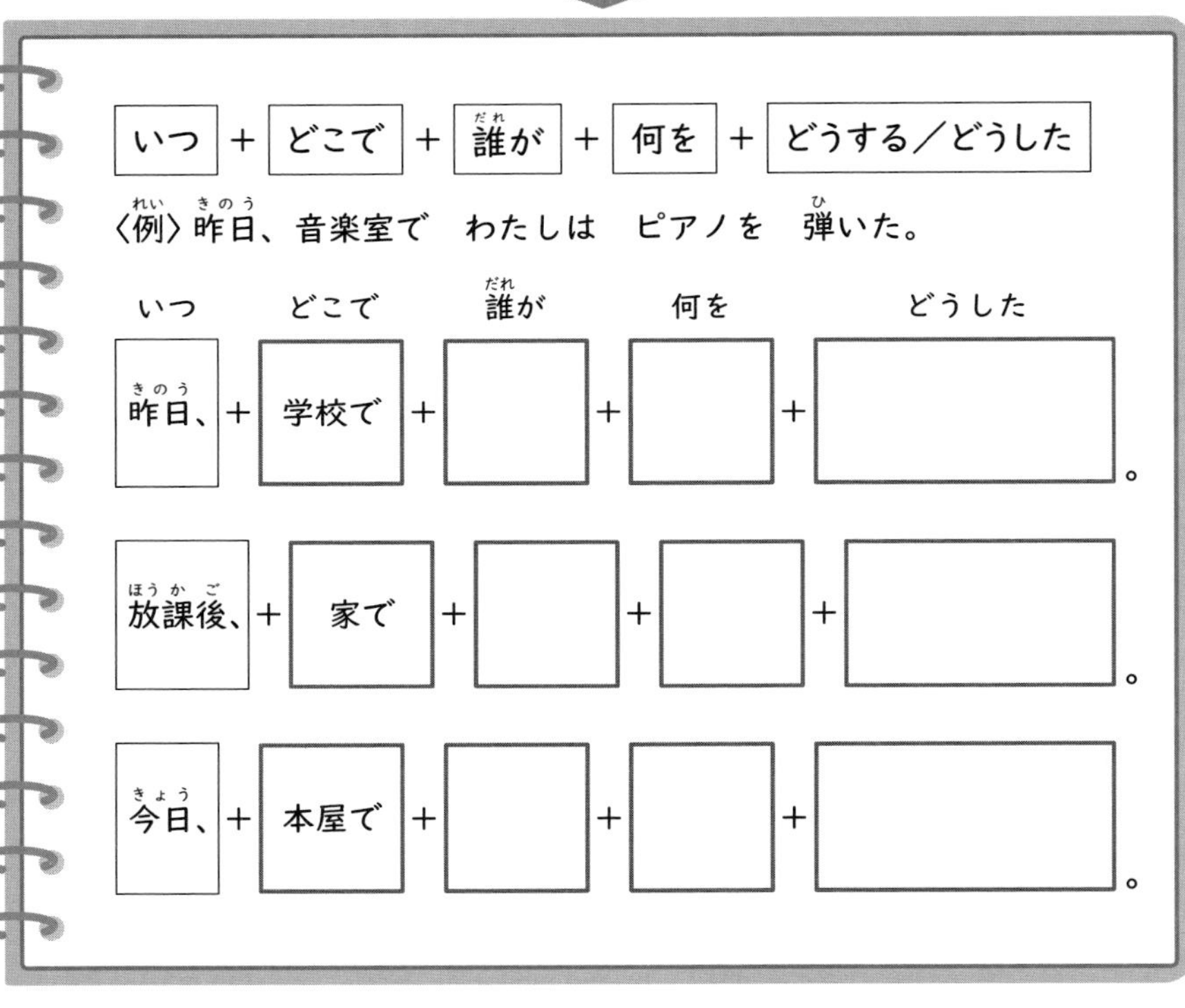

いつ ＋ どこで ＋ 誰が ＋ 何を ＋ どうする／どうした
〈例〉昨日、音楽室で わたしは ピアノを 弾いた。
いつ
どこで
誰が
何を
どうした
昨日、＋ 学校で ＋ ＋ ＋ 。
放課後、＋ 家で ＋ ＋ ＋ 。
今日、＋ 本屋で ＋ ＋ ＋ 。

今朝のできごとを「いつ」「どこで」「何を」「どうする／どうした」を使って書きましょう。

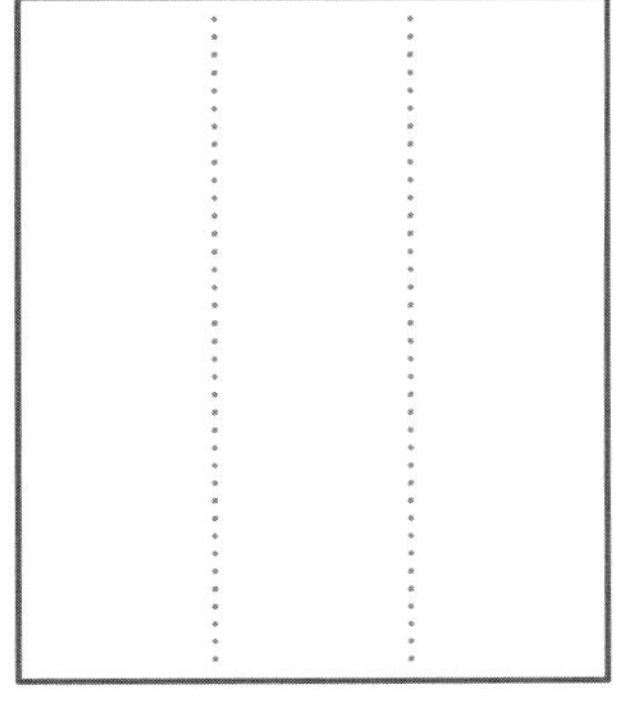

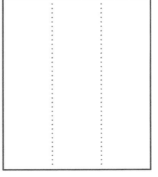

年　月　日

「いつ」「どこで」「どんなことがあったか」がわかるように日記を書きましょう。また、下のワークに取り組みましょう。

月　日（　）

月　日（　）

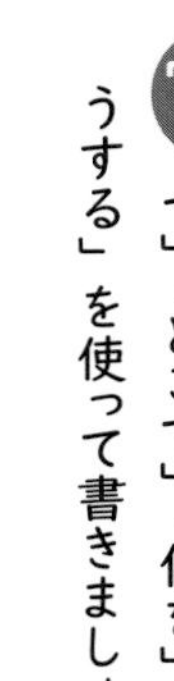

来週のあなたの予定を「いつ」「どこで」「何を」「どうする」を使って書きましょう。

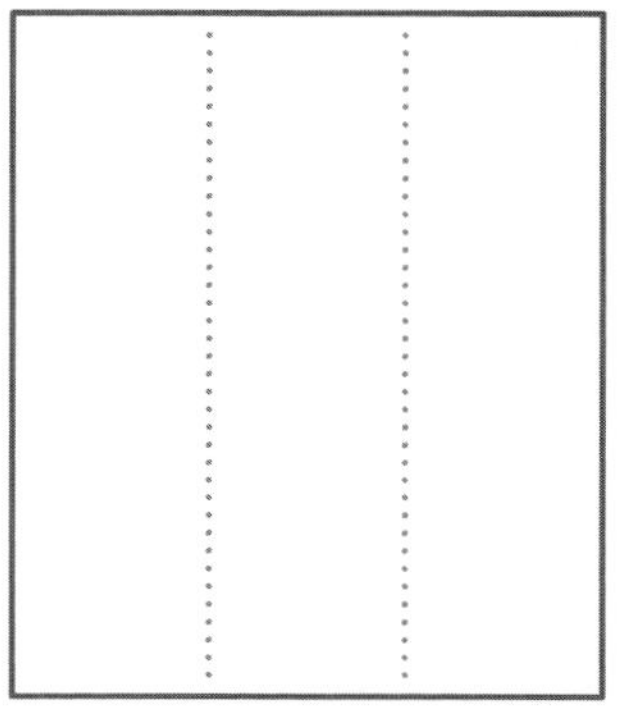

水曜日は田中さんの家でテスト勉強をする。

3 くわしく説明する文を書く

教室のイラストを見て、教室の様子をくわしく説明する文を書きましょう。また、下のワークに取り組みましょう。

この教室には、机といすがあります。

あなたの筆箱はどんな筆箱ですか？　文で書きましょう。

〈例〉わたしの筆箱は青い筆箱です。大きいのでペンが十本以上入ります。

年　月　日

あなたの学校についての紹介文を書きましょう。また、下のワークに取り組みましょう。

校舎の様子は？

雰囲気は？

生徒の数は？

その他

4～5文の作文にしてみましょう！

〈例〉わたしの学校は、校舎が新しくてきれいです。生徒が1000人通っているので、いつもにぎやかです。部活動も盛んです。サッカー部や吹奏楽部は全国大会に出ています。

ワーク2

あなたが住んでいるまちの紹介文を書きましょう。

〈例〉わたしが住んでいる東町は駅前に商店街があり、買い物客でいつもにぎわっています。

4 順を追って説明する文を書く

「はじめに」「次に」などの言葉を使って、手順を説明する文を書きましょう。また、下のワークに取り組みましょう。

【順を追って説明する】

「はじめに」「次に」「そして（それから）」「最後に」などの言葉を使って、順を追って説明します。

〈例〉サンドイッチの作り方

はじめに、きゅうりとハムを食べやすい大きさに切ります。

次に、パンにバターをぬります。

そして、きゅうりとハムをパンにはさみます。

最後に、パンを半分に切ってできあがりです。

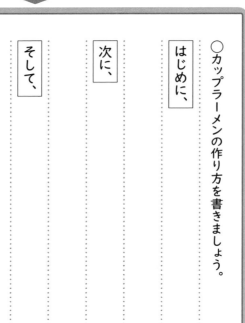

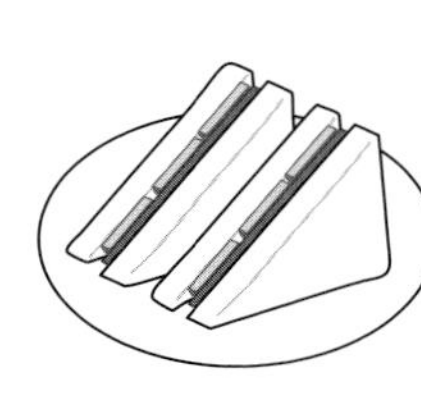

○カップラーメンの作り方を書きましょう。

はじめに、

次に、

そして、

最後に、

「カレーライスの作り方」の手順を説明する文を書きましょう。

年　月　日

あなたの家から学校までの行き方を説明する文を書きましょう。また、下のワークに取り組みましょう。

○メモを書いてみましょう。

〈例〉①家を出て東駅まで歩く。②東駅から電車で西駅まで行く。③西駅でみなみ線に乗り換えて、緑駅まで行く。④緑駅から歩いて学校へ行く。

①

②

③

④

文で書きましょう

〈例〉まず、徒歩で東駅まで行きます。そして、東駅から電車に乗って西駅まで行きます。それから……

ワーク2 昨日の出来事を時系列に沿って書きましょう。

〈例〉昨日は図書館に本を借りに行きました。そのあと、家で読書をしました……

5 理由を説明する文を書く

「〜から（だから）です。」「〜ためです。」などの言葉を使って、理由を説明する文を書きましょう。
また、下のワークに取り組みましょう。

【理由を説明する】

「なぜ」「どうして」は「理由」を聞く言葉です。

理由を説明するときには、**「なぜなら〜」「〜から（だから）です。」「〜ためです。」**という言葉を使います。

〈例〉建物に「非常口」があるのは**なぜ**ですか。

地震や火事のときに、安全に建物から避難をする**ため**です。

○持ち物に名前を書くのはなぜですか。

なぜなら、

○買い物にエコバッグを持っていったほうがよいのはなぜですか。

なぜなら、

ワーク1 通学路に誰のものかわからないお財布が落ちていました。こんなとき、あなただったらどうしますか。理由を説明する文を書きましょう。

年　月　日

あなたの「好き（す）な場所」について、理由を説明（せつめい）する文を書きましょう。また、下のワークに取り組みましょう。

○メモを書きましょう。

好き（す）な場所

好き（す）な理由

・

・

・

〈例（れい）〉わたしの好き（す）な場所は「図書館」です。理由は三つあります。一つ目は……

ワーク2 あなたの行きたい国はどこですか？ 行きたい国とその理由を書きましょう。

行きたい国

わたしが行きたい国はフランスです。ルーブル美術館（びじゅつかん）に行ってみたいからです！

6 自分の意見を書く

テーマに沿って意見や考えを文で書きましょう。また、下のワークに取り組みましょう。

【意見を伝えるときには】

まずどのような意見を持っているのか主張します。そして、その意見を持ったきっかけや**理由**（**根拠**）を書きましょう。

〈例〉クラスの仲を深めるにはどうしたらよいですか。あなたの意見を書きましょう。

（意見）一か月に一度、席替えをするのがよいと思います。（理由）席替えをすれば、まだ話したことがないクラスメートとも話す機会が増えるからです。

○クラスのみんなで旅行に行くなら海と山、どちらがよいですか。

わたしは旅行に行くなら［　　］がいいと思います。

理由は、

ワーク1 文化祭の出し物としてクラスで取り組みたいものを一つ考え、あなたの意見とその理由を書きましょう。

文化祭の出し物

〈例〉お化け屋敷

年　　月　　日

テーマ：学校の制服は必要？　あなたの意見を書いてみましょう。

◯メモを書いてみましょう。

制服は　（　必要　・　必要ない　）

理由や考え

・

・

・

ワーク2　クラスの話し合いで、全員が意見を出して参加できるようにするためには、どうしたらよいですか。あなたの意見を書きましょう。

7 気持ちを書く

それぞれの場面で、あなたはどのような気持ちになりますか。文で書きましょう。また、下のワークに取り組みましょう。

・友達から「ありがとう」と言われたとき

・発表の順番が近づいてきたとき

・自分のテストの成績より、友達のテストの成績がよかったとき

【気持ちを表す言葉】

うれしい／楽しい／悲しい／さびしい／怒る／不安／切ない／悔しい／恥ずかしい…

○気持ちを表す言葉はほかにもたくさんあります。自分の気持ちを文で表せるよう、ほかにどんな言葉があるか調べてみましょう。

ワーク1 あなたはどんなときに次の気持ちになりますか。文で書きましょう。

・うれしい

・悲しい

・怒り

・悔しい

年　月　日

「気持ち」を表す言葉を使って、「うれしかったこと」「悲しかったこと」をくわしく書きましょう。

また、下のワークに取り組みましょう。

・最近うれしかったこと

・最近悲しかったこと

ワーク2 あなたはどんなときに次の気持ちになりますか。文で書きましょう。

・楽しい

・さびしい

・不安

・恥ずかしい

8 原稿用紙に書く

原稿用紙の決まりを守って、作文を写して書きましょう。

【原稿用紙に書くとき】

○原稿用紙の書き方を確認しましょう。

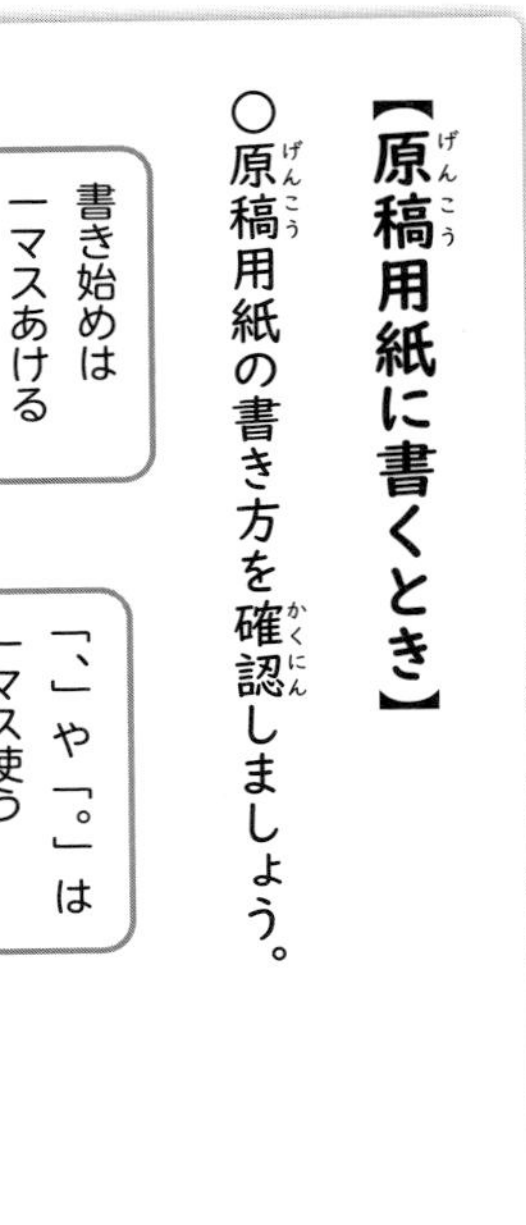

書き始めは一マスあける

「」や「。」は一マス使う

会話文は行を変える（改行）

「」は一マス使う（閉じかぎかっこは同じマスに。を書く）

　昨日、ボランティアで町の清掃をしました。通りかかった人が
「きれいにしてくれてありがとう。」
と声をかけてくれたので
「どういたしまして。」
と伝えました。

写してみよう！

　昨日、ボランティアで町の清掃をしました。通りかかった人が
「きれいにしてくれてありがとう。」
と声をかけてくれたので
「どういたしまして。」
と伝えました。

年　月　日

次の文章を下の原稿(げんこう)用紙に写して書きましょう。

「スピーチ大会」

佐藤(さとう)あおい

わたしの苦手なもの、それはスピーチだ。

「これから発表を始めます。」

クラスのみんなの視線(しせん)が集まる。人前で話すのは怖(こわ)い。でもそんな自分を変(か)えたくて、放課後(ほうかご)に先生と一緒(いっしょ)に練習してきた。

「…これで発表を終わります。」

一礼したわたしを、やわらかな拍手(はくしゅ)が包(つつ)み込(こ)む。

（わたしにもできたんだ！）

少しだけ自信(じしん)が持てた気がした。

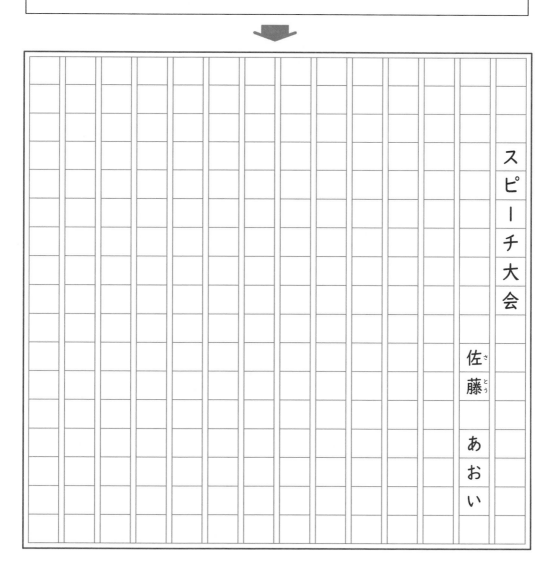

スピーチ大会

佐藤(さとう)　あおい

9 自分の経験を書く

「学校生活の中でがんばったこと」をテーマに200字以内で作文を書きましょう。

【自分の経験を伝える】

経験を伝えるときには、具体的なエピソードを入れることで、より伝わる文章を書くことができます。

〈例〉わたしががんばったことは吹奏楽部の練習です。夏休み中も朝から学校に行って毎日練習をしました（どのようにがんばったのか、具体的なエピソードが書かれている）。

【作文メモの作り方】

作文を書くときには、書きたい内容を箇条書きにしてメモにまとめましょう。

がんばったこと
体育祭の応援団

具体的なエピソード
- 人前に立つことが苦手な自分を変えたくて立候補した
- 先輩、後輩と協力して練習をがんばった
- 体育祭当日は大きな声で応援ができて自信がついた

参考にしてメモを作ってみよう！

「テーマ：学校生活の中でがんばったこと」

がんばったこと〈例〉勉強、部活、委員会、行事、検定など

具体的なエピソード

・

・

・

年　　月　　日

10 自分について書く

「長所と短所」をテーマに200字以内で作文を書きましょう。

【作文の構成を考える】

書きたい内容が決まったら、全体の流れ（構成）を考えます。メモを作って、全体の流れが一目で見てわかるようにしておくとよいでしょう。

〈例〉

「長所と短所」について

① わたしの長所
② 長所を表すエピソード
③ わたしの短所
④ 短所についてくふうしていることやこれから練習したいと考えていること

長所はまわりの人からほめられたり感謝されたりしていること、短所はこれから変えていきたいところを書いてみよう。

作文メモ

あなたの長所

・

あなたの短所（これから直していきたいところ）

・

○作文の構成を考えてメモを書いてみましょう。

①長所〈例〉長所は優しいところ。

②長所を表すエピソード〈例〉友達が困っていたら相談に乗っている。

③短所〈例〉短所は人見知りなところ。

④短所についてくふうしているところ〈例〉初対面の友達にも自分から声をかけるようにしている。

年　月　日

11 将来の目標について書く

「将来の目標」をテーマに200字以内で作文を書きましょう。

【作文の構成を考える】

○「自分について書く」と同じように、構成を考えてから作文を書きましょう。

〈例〉「将来の目標」について（構成の例）

①〈将来の目標〉パティシエ

②〈理由〉家族に料理を喜んでもらえたことがうれしかった。

③〈目標についてのエピソード〉みんなが喜ぶスイーツを作りたい。

④〈そのために努力すること〉毎週末レシピを見ながらお菓子を作ってみる。

例を参考に
自分でメモと構成を
考えて書いてみましょう！

作文メモ

・将来の目標

・目標について書きたいこと

・

・

・

・

・

○作文の構成を考えてメモを書きましょう。

①

②

③

④

年　月　日

第３章 生活の中の書く

部活の合宿の申込書、
もう書いた？

どこに何を書いていいか
わからなくて、
まだ書けていないよ……。

生活の中では「申込書」「アンケート」
「手紙」…など「書いて伝える」場面
がたくさんありますね。書き方を
一緒に練習して、自信をもって
書けるようにしましょう！

☑「いま」をチェック

□黒板の内容を写して書くことができる
□連絡を聞いて持ち物や予定をメモすることができる
□封筒やはがきに宛先や自分の住所を書いたことがある
□申込書や問診票などを自分で書いたことがある

【先生・保護者の方へ】

書くことが苦手な生徒の中には、苦手意識からこれまで何かを書いた経験が少なく、そもそもノートや書類の書き方がわからないという生徒も多くいます。

この章では、学校場面で役立つノートやメモの書き方を練習するだけでなく、申込書や履歴書などさまざまなフォーマットの書き方を学習します。生活のどのような場面で「書く」機会があり、生徒が何に難しさを感じているのか話し合いながら進めてください。

指導・支援のポイント

○授業で使っているノートやテストの解答用紙などを見返して、難しいと感じることを確認しながらワークに取り組めるようにする
○本人の力に合わせて、書く量を調整したり、書く場所をマーカーで示したりする
○ワークで取り組んだ内容を生活で実践できるよう援助する（実際の封筒に宛名を書いてみるなど）

【生活の中の「書く」】

学校生活の中の「書く」

・ノートに写して書く…60ページの「ノートの書き方」を参考にして書きましょう。

・プリントやテストに書く…氏名や解答欄の枠からはみ出さないように書きましょう。

ノート

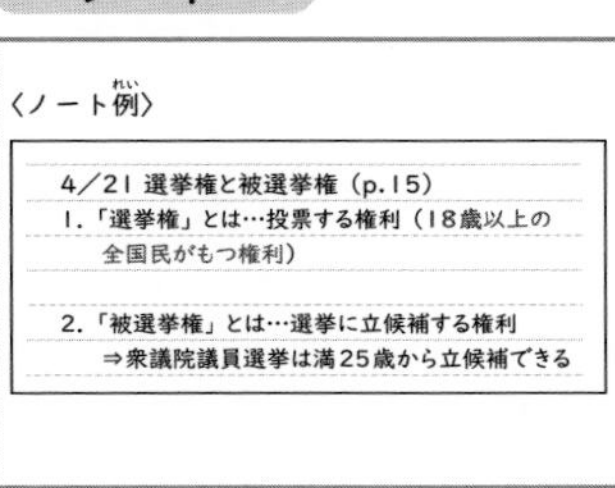
〈ノート例〉

4／21 選挙権と被選挙権（p.15）
1.「選挙権」とは…投票する権利（18歳以上の全国民がもつ権利）
2.「被選挙権」とは…選挙に立候補する権利
⇒衆議院議員選挙は満25歳から立候補できる

プリントやテスト

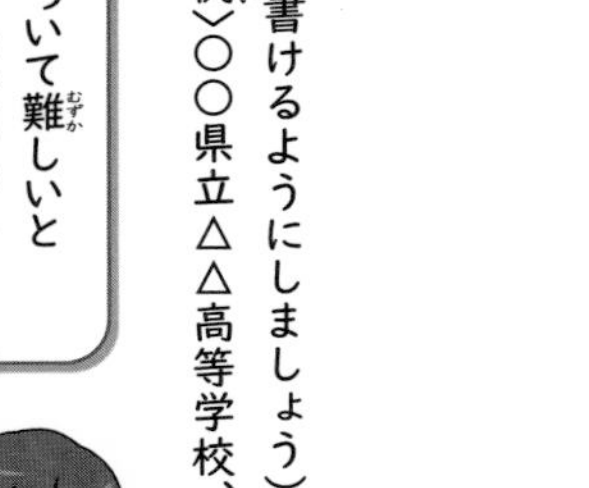
四字熟語テスト
氏名（　桜　花子　）
読みがなを解答欄に書きましょう。
(一) 一期一会　いちごいちえ
(二) 喜怒哀楽　きどあいらく
(三) 馬耳東風　ばじとうふう

生活の中の「書く」

「申込書」などの書類によく書く項目は、正しく書けるように練習してみましょう。

・氏名
・住所
・電話番号やメールアドレス
・生年月日（西暦でも元号でも書けるようにしましょう）
・通っている学校の正式名称（〈例〉〇〇県立△△高等学校、など）

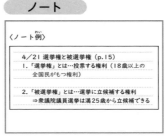

授業内の「書く」について難しいと感じることがあれば、学校の先生と相談してくふうを考えてみましょう！

① 次の連絡を左のメモに書いてみましょう。

「明日の時間割に変更があります。一時間目は国語、二時間目は数学、三・四時間目はスポーツテストです。五・六時間目は全校集会なので授業はありません。忘れずに体操着をもってきてください。」

〈明日の予定〉

（時間割）

1.
2.
3.
4.
5.
6.

（持ち物）

・

② 学校の担任の先生に年賀状を出します。宛先を書いてみましょう（学校の住所を調べて書きましょう。自分の住所も書きましょう）。

郵便はがき

先生

1 「黒板」の内容をノートに書く

例を参考にして、左の黒板の内容をノートに写して書きましょう。

【ノートの書き方】
黒板の内容をノートに書き写すときには、左の例のように書いてみましょう。

〈ノート例〉

「日付」「テーマ（タイトル）」「教科書のページ数」を書く

4／21 選挙権と被選挙権（p.15）
1.「選挙権」とは…投票する権利（18歳以上の全国民がもつ権利）
2.「被選挙権」とは…選挙に立候補する権利
⇒衆議院議員選挙は満25歳から立候補できる

「見出し」に番号をつける

見返しやすいよう余白を入れる

読みやすい大きさ・濃さでていねいに書く

先生が赤で書いたところは同じように赤で書く

4／21 選挙権と被選挙権（p.15）
1.「選挙権」とは…投票する権利（18歳以上の全国民がもつ権利）
2.「被選挙権」とは…選挙に立候補する権利
⇒衆議院議員選挙は満25歳から立候補できる

ノートもさまざまな種類があります。罫線の濃さや幅、紙の色など、自分に合った書きやすいノートを探してみましょう！

アドバイス
黒板を見ながら書くことが苦手な人は、黒板をスマホやタブレットで写して、手元に置いて書いてみましょう。画像なら拡大もできますよ。

年　月　日

黒板の内容をノートに写して書きましょう。

「枕草子」／作者　清少納言

◎平安時代中期の随筆

春はあけぼの。やうやう白くなりゆく山ぎは少しあかりて、紫だちたる雲のほそくたなびきたる。

●現代語訳

・あけぼの＝明け方

・やうやう＝だんだんと

アドバイス

先生が強調したところ（線を引いたところ）は色ペンを使って書いてみましょう。

2 「テストの解答」を書く

「ことわざ」の小テストに解答を書きましょう。

テストには答えを記入する「解答欄」があります。書く欄を間違えたり、はみ出したりしないように書きましょう。

〈例〉

四字熟語テスト

氏名（　桜　花子　）

読みがなを解答欄に書きましょう。

（一）一期一会　いちごいちえ

（二）喜怒哀楽　きどあいらく

（三）馬耳東風　ばじとうふう

（四）一念発起　いちねんほっき

解答欄に答えを書く。

氏名もはみ出さないようにていねいに書く

ことわざ小テスト　（　）年（　）組（　）番　氏名（　　）

一　次のことわざの（　）に当てはまる漢数字を解答欄に書きましょう。

（一）一を聞いて（　）を知る

（二）一事が（　）事

（三）（　）階から目薬

（四）早起きは（　）文の徳

（一）	（二）	（三）	（四）

二　ことわざとその意味を線で結びましょう。

（一）さるも木から落ちる　・　　・行動すると思いがけないことに出合う

（二）犬も歩けば棒に当たる　・　　・名人でも失敗することがある

（三）馬の耳に念仏　・　　・いくら説明して聞かせても効果がないことのたとえ

知らないことわざは調べてみましょう！

年　月　日

あなた：計算はできたから、あとは解答欄に答えを書き入れよう！

「計算」の小テストに解答を書きましょう。

計算小テスト

年　組　番／氏名：

次の計算の答えを解答欄に書きましょう。

(1) $2x - 7 = 1$
$x = 4$

(2) $3x + 3 = -15$
$x = -6$

(3) $5x + 4 = -6$
$x = -2$

(4) $7x - 1 = 20$
$x = 3$

(5) $11 - 3x = -4$
$x = 5$

(6) $6 + 8x = -2$
$x = -1$

(1)　$x = 4$	(2)
(3)	(4)
(5)	(6)

テストの解答欄が小さくて書きづらい場合には、事前に先生に相談してみましょう。解答用紙を拡大印刷する、タブレットやパソコンを使って解答するなどの方法もあります。

3 「メモ」を書く

自宅で留守番中に、家の人あてに電話がありました。電話の内容を伝言メモに書きましょう。

伝言メモとは？

電話で聞いた情報を伝えるためのメモのことです。

○メモの書き方を練習してみましょう。

〈例〉メモに書いておくこと

・いつ、誰から電話が来たか
・電話の内容
・（こちらから電話をしたほうがよい場合）相手の連絡先

※電話の内容すべてを文章で書くのではなく、単語でもよいので必要な情報をメモにまとめてみましょう。

〈例〉

伝言メモ
7月10日（月）
○○さんから電話
内容：7月の地域清掃についてお知らせしたい
○○さん連絡先：
000-1111-2222

9月25日（月）17：00

高橋さん

東中学校の役員の高橋です。明日の役員会議は家庭科室で14時から行います。
他にも連絡があるので、おうちの人が帰ってきたら000-1111-2222まで電話をもらってもいいですか？　伝言よろしくお願いしますね！

電話　伝言メモ

日時：（　　）月（　　）日（　　）時ごろ

電話の相手：（　　　　　　）さん

内容：

折り返しの連絡　／　要　・　不要

連絡先：（　　　　　　）

「折り返し」とは、こちらからかけること！

年　　月　　日

4月の学校の予定を、手帳とスケジュールボードに書きましょう。

【予定をメモする】

学校や習い事の予定、提出物の締め切りなど、手帳やカレンダーに書くようにしましょう。

〈例〉

月	火	水	木	金
1 テスト →	2	3	4 塾 18時～	5
8	9 委員会 15時～	10	11 塾 18時～	12 数学ワーク 締め切り

★4月の学校の予定

9日…始業式　10日…係決め　11日…新入生歓迎会　12日…学力テスト
16日…体力測定（持ち物／体操着）　18日…遠足（7：30学校集合）

手帳

月	火	水	木	金
9 〈例〉 始業式	10	11	12	13
16	17	18	19	20

スケジュールボード

9日	月	〈例〉始業式
10日	火	
11日	水	
12日	木	
13日	金	
16日	月	
17日	火	
18日	水	
19日	木	

4 「申込書」を書く

バスケ部の夏の合宿に申し込みたいあなた。申込書に必要事項を書きましょう。

旅行や検定、イベントに申し込むときには「申込書」を提出します。必要事項を書いて、申込書を完成させましょう。

〈例〉申込書に記入すること

- 氏名
- 自宅の住所と電話番号
- メールアドレス
- 緊急連絡先（保護者の電話番号など）
- 生年月日（西暦でも元号でも書けるようにしておきましょう）
- 通っている学校の名前（□□県立△△高等学校など正式名称で書けるようにしましょう）

書き忘れたところがないか必ず確認しましょう。

夏の合宿に申し込まなきゃ！

あなた

〈例〉

バスケ部　夏の合宿の申込書	
（フリガナ）サトウ　アオイ 氏名：　佐藤　あおい	㊞ （保護者に印鑑をもらう）
夏の合宿に　（参加します）・　参加しません ※参加する場合は以下も記入してください。	
■電話番号 （000－1111－2222　） ■緊急連絡先　（父）・母・その他（　　） （000－2222－3333　）	
■食物アレルギーの有無 （有）：（　そば　）／無	

バスケ部　夏の合宿の申込書	
（フリガナ） 氏名：	㊞ （保護者に印鑑をもらう）
夏の合宿に　参加します　・　参加しません （どちらかに○） ※参加する場合は以下も記入してください。	
■電話番号 （　　－　　－　　） ■緊急連絡先　父・母・その他（　　） （　　－　　－　　）	
■食物アレルギーの有無 有：（　　）／無	

年　　月　　日

語学検定5級に挑戦するあなた。検定の申込書を書きましょう。

あなた：次回の「語学検定」の5級にチャレンジします！申込書を書いて提出しよう！

語学検定申込書

氏名：(姓)　　　　(名)

在籍校：　　　　立　　　　中学校・高等学校

生年月日							
年（和暦）				月		日	
元号							
昭和	○	⓪①②③④⑤⑥	⓪①②③④⑤⑥⑦⑧⑨	⓪①	⓪①②③④⑤⑥⑦⑧⑨	⓪①②③	⓪①②③④⑤⑥⑦⑧⑨
平成	○						
令和	○						

受験級：
- ○ 5級
- ○ 4級
- ○ 3級
- ○ 2級
- ○ 1級

マークシートはHBかBのえんぴつではみ出さないようにぬりつぶしましょう！

見直してみよう
- □ 氏名と在籍校を正しく書けている
- □ 生年月日を正しくマークできている
- □ 受験級を正しくマークできている

5 「問診票」や「健康カード」を書く

昨晩から歯が痛くなり、みなみ歯科を受診したあなた。問診票を書きましょう。

【病院に行くときには】

病院では、あなたの健康状態について知るために「問診票」の記入を求められることがあります。症状やこれまで薬のアレルギーがあったかなど、書いて伝えられるようにしておきましょう。

〈例〉問診票で記入すること

・生年月日
・身長や体重
・現在の症状
・過去にかかった病気
・アレルギーの有無など

みなみ歯科　問診票　記入日：令和（　　）年（　　）月（　　）日

ふりがな お名前	
生年月日	昭和・平成・令和（　　　）年（　　　）月（　　　）日
本日の来院理由に○をしてください	歯が痛い：(場所　　　　　　　　) 歯ぐきが痛い：(場所　　　　　　　　) 歯のクリーニング 検診　・　その他
生活習慣について（　）に記入、および○をしてください	・歯磨き … 1日（　　）回 ・毎日飲む飲料… 炭酸　・　ジュース　・　コーヒー 紅茶　・　その他（　　　　　） ・間食 … 毎日食べる　・　食べない ・喫煙 … あり　・　なし ・睡眠 … 十分　・　寝不足気味
本日の治療について相談事項・質問などあれば記入してください	
当院から連絡する場合の連絡先をご記入ください	
電話番号	
メールアドレス	@

年　　月　　日

あなたの情報をまとめて、新学期に学校に提出する「健康カード」を書きましょう。

健康カード

記入日（20　　）年（　　）月（　　）日

氏名	クラス　（　）年（　）組
生年月日（西暦で記入）	（　　）年（　　）月（　　）日
住所	
電話番号（自宅）	電話番号（緊急連絡先）（父・母・その他）
あなたの健康状態に当てはまるものに○をしてください。	
1. 現在、かかりつけの病院がある	ある　・　ない
2. 現在、服薬している薬がある	ある　・　ない
3. 食べ物のアレルギーがある	ある　・　ない ある➡（　　　）
4. よく起こりやすい症状は	特になし 頭痛　・　腹痛　・　乗り物酔い 風邪をひきやすい その他：（　　　）
平熱	（　　）度

6 「ポスター」を書く

上の例を参考にして、げんきさんの学校の文化祭のポスターを書きましょう。

【レイアウトの考え方】

学校には「文化祭のお知らせ」「ごみ分別の呼びかけ」などさまざまなポスターが掲示されています。

ポスターを書くときには、まず「見出し」が必要です。（例：「文化祭のお知らせ」など）見出しは一番目立つように大きく書く必要があります。

細かい情報（開催日時、参加方法など）は見出しよりも小さく書きます。また、イラストを入れることでより情報が伝わりやすくなります。

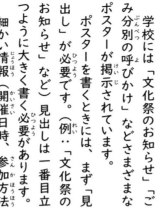

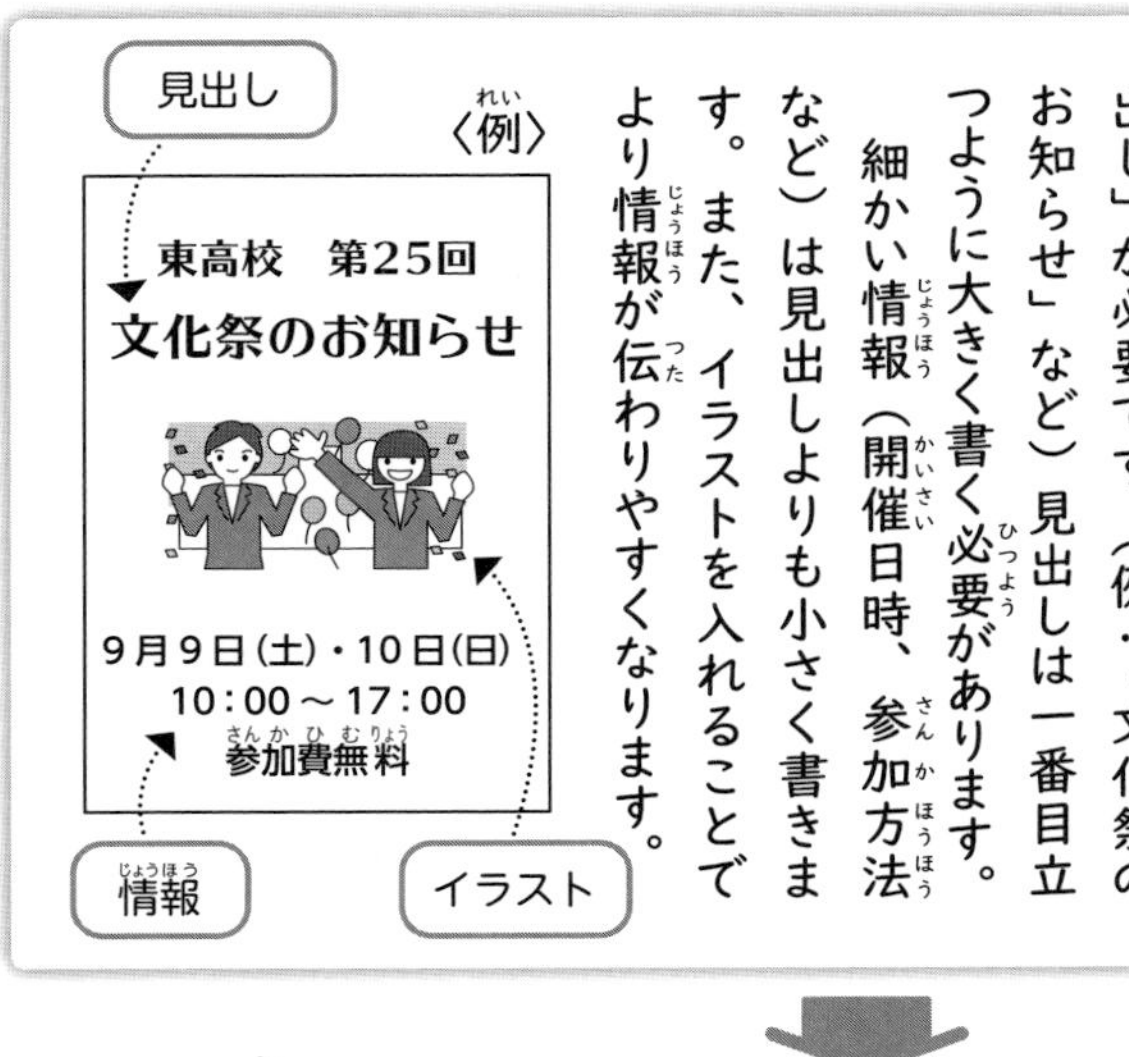

〈例〉
見出し
東高校　第25回
文化祭のお知らせ
9月9日(土)・10日(日)
10:00～17:00
参加費無料
情報
イラスト

「西高校　第60回　文化祭」
日時は9月23日（土）・24日（日）10:00～16:00
参加費は無料だよ！

環境美化委員の仕事として、校内での「ごみの分別」を呼びかけるポスターを作ることになりました。必要な情報を書き入れてポスターを完成させましょう。

年　月　日

【ポスターに入れてほしいこと】

・ごみの分別を呼びかける
・燃やすごみと燃やさないごみを分けて捨てる
・ペットボトルはリサイクルボックスに入れる

○「見出し」を考えて書きましょう。

○書き終えたらチェックしてみましょう。

- □ 見出しを大きく目立つように書けている
- □ 必要な情報（燃やすごみと燃やさないごみの分別／ペットボトルのリサイクル）について書けている
- □ イラストや装飾などで、一目でわかるポスターがかけている

7 「宛名」と「自分の住所」を書く

例と同じように、封筒に宛名を書きましょう。

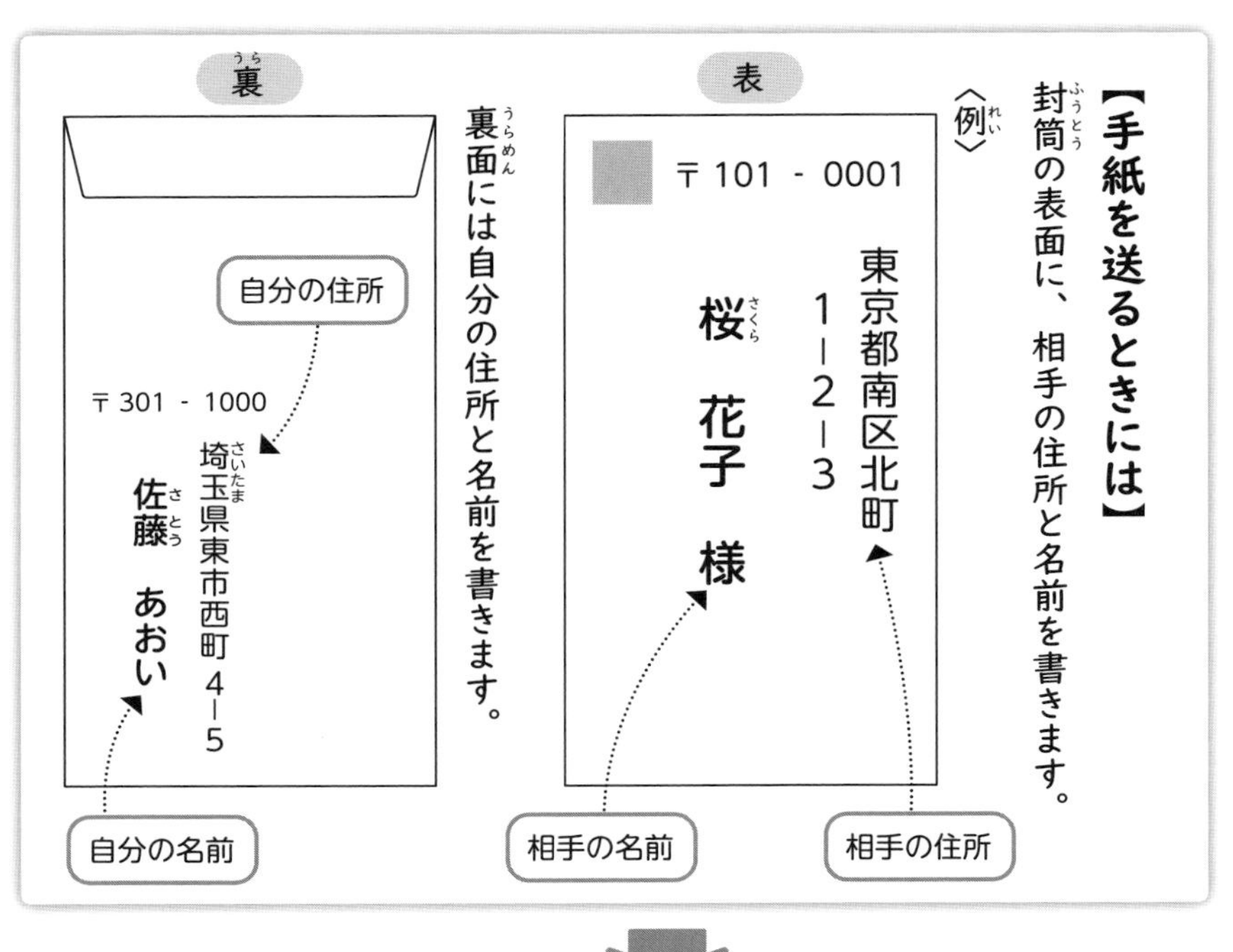

【手紙を送るときには】
〈例〉
封筒の表面に、相手の住所と名前を書きます。
裏面には自分の住所と名前を書きます。
表
〒101 - 0001
東京都南区北町
1－2－3
桜 花子 様
相手の住所
相手の名前
裏
自分の住所
〒301 - 1000
埼玉県東市西町4－5
佐藤 あおい
自分の名前

あなたの住所と名前を書いてみましょう。

桜花子さん宛てに書きましょう。

裏

表

年　月　日

横書きの封筒に宛名と自分の住所と名前を書きましょう。

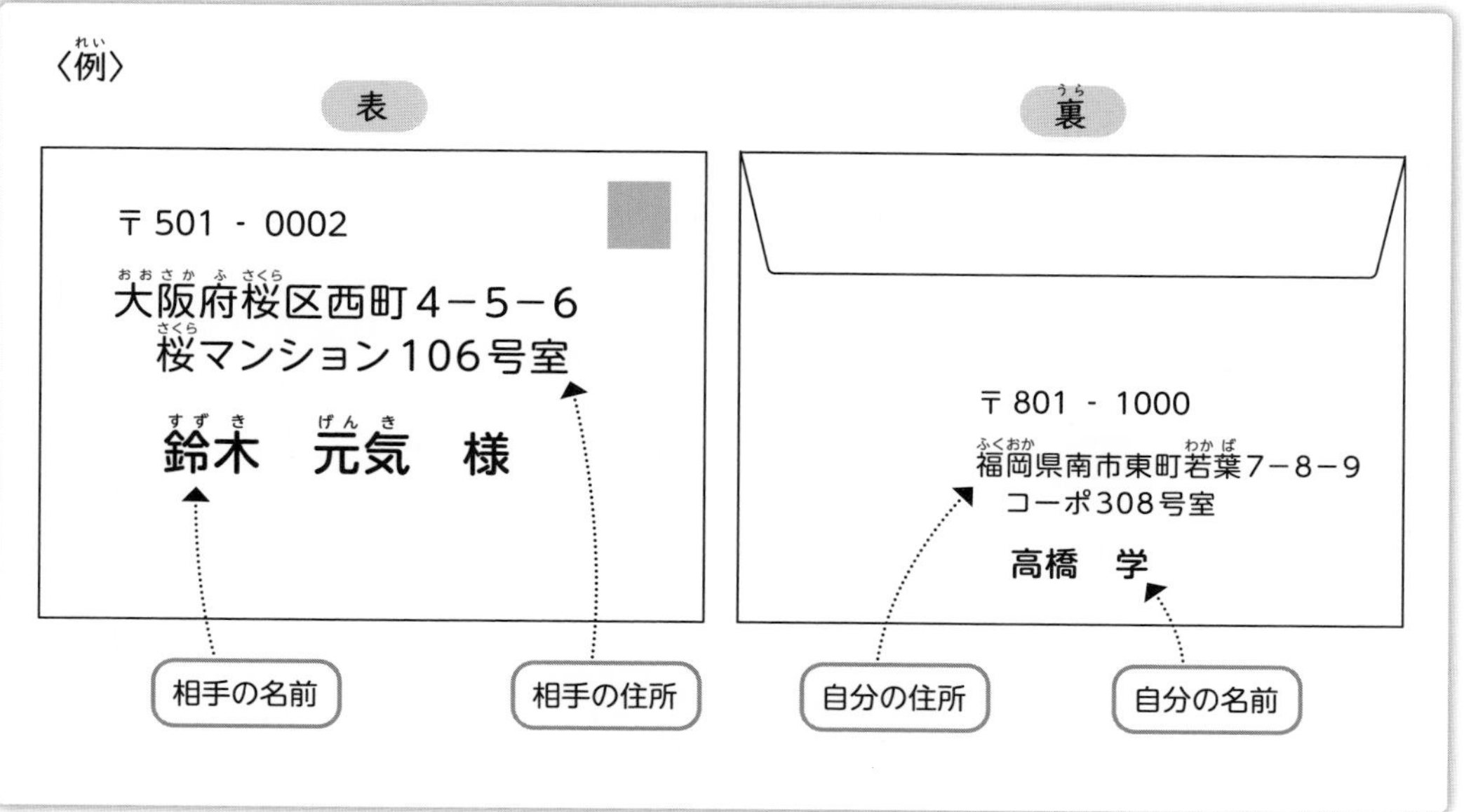

あなたの学校の住所を調べて担任の先生宛てに書いてみましょう。

表

あなたの住所と名前を書いてみましょう。

裏

8 「手紙」を書く

例の職場体験のお礼状を参考にして「手紙」を書きましょう。


お礼状とは？

感謝の気持ちを伝えるために書く手紙のこと。


【お礼状を書くときのポイント】
・ていねいな字、読みやすい字で書く
・黒のボールペンで書く
・書き終えたら、相手の名前や内容などに間違いがないか見直す

〈例〉

❶頭語／手紙のはじめに書く挨拶

❹日付、❺自分の名前、❻相手の名前（宛名）の順に書く

❶拝啓
❷梅雨明けが待ち遠しい今日このごろですが、みなさまお元気にお過ごしでしょうか。
先日の職場体験ではご指導誠にありがとうございました。お客さまと関わる仕事のやりがいを実感することができ、大変貴重な経験になりました。

今後の進路選択に今回の経験を生かしたいと思います。

このたびは誠にありがとうございました。
❸敬具
❹令和五年六月十五日
❺○○県立西高等学校　田中　学
❻さくら株式会社　鈴木　桜　様

前文　主文　末文　後付け

❷時候の挨拶／季節に関する挨拶
※季節によって変わります。

お世話になったお礼の気持ちを書く

❸結語／手紙の結びに書く挨拶

アドバイス
❶「頭語」と❸「結語」は一般的に「拝啓（頭語）」・「敬具（結語）」を使います。

今の季節の時候の挨拶を調べて書きましょう。

例(れい)を参考(さんこう)にしてあなたがお世話になった人に「お礼状(れいじょう)」（手紙）を書きましょう。

年　月　日

9 「履歴書」を書く

例を参考にして「履歴書」を書きましょう。

履歴書とは？

これまでどんな勉強や仕事をしてきたのかを書いた書類のこと。主に就職活動やアルバイトの面接などで使用します。

【履歴書を書くときのポイント】

- ていねいな字、見やすい大きさの字で書く
- 黒のボールペンで書く（消せるペンやえんぴつでは書かない）
- 修正テープや修正液は使わない（間違ったら書き直しましょう）

※ボールペンで書く前に、下書きをしておくとよいでしょう。

〈例〉

履歴書

氏名　鈴木　元気　㊞	
生年月日　平成17年5月5日（満18才）	
住所　〇〇県東市南町1-2-3 電話番号　000（1111）2222	
学歴・職歴	
令和３年３月	東市立桜中学校　卒業
令和３年４月	〇〇県立桜高等学校　入学
令和６年３月	〇〇県立桜高等学校　卒業見込
志望動機	
接客の仕事を経験して将来の進路に生かしたいと思い応募しました。	
自己PR	
人と接することが大好きです。サッカー部では部長をつとめていたためチームワークにも自信があります。	
資格・検定等	
令和３年10月	実用英語技能検定準２級
令和４年６月	日本漢字能力検定２級

左の欄には、入学・卒業した年月を書く

学校名は「〇〇県立」など正式名称で書く

今までがんばったことや長所をどのように仕事で生かせるのか書く

資格の正式名称と取得した年月を書く

右の例を見ながら、夏休みにアルバイトに応募するための履歴書を書きましょう。

年　月　日

希望するアルバイト先（職種）…

履歴書

氏名　　　　　　　　　　　　　　　　印	写真 4.0 × 3.0㎝
生年月日　平成　　年　　月　　日（満　　才）	
住所 電話番号	

学歴・職歴	

志望動機

自己PR

資格・検定等	

第4章 英語

あれ？ 英文を写しているうちに、大文字と小文字が混ざっちゃった。

わたしは「b」と「d」とか、似ている文字を間違えちゃうことが多いな……。

英語練習用の罫線が入ったノートは使ったことがあるかな？ まずはそのノートでアルファベットを正しく書くところから始めて、英文を書く練習をしてみましょう！

「いま」をチェック

- □アルファベット（大文字・小文字）を正しく書くことができる
- □「b」と「d」、「m」と「n」など形が似ているアルファベットを間違えずに書ける
- □習った英単語を正確に書くことができる
- □教科書や黒板に書いてある英文を正確に写すことができる

【先生・保護者の方へ】

英語の学習が苦手な生徒の中には、アルファベットを正確に書けていない生徒もいます。

この章では、英語用の罫線が入ったノートを使って、アルファベットの正しい書き方から学習します。身近な英単語や短い英文を書き写しながら、どのような支援があれば英語が書きやすくなるか考えるきっかけにしていただきたいと思います。

※英語に親しみやすいよう、英単語にはカタカナで読みがなをふっています。また、強く読む部分は太字で表記しています。

指導・支援のポイント

- ○手本を写してアルファベットの形や書き方を確認する
- ○英語用の罫線が入ったノートを使ってバランスよく書けるようにする
- ○アプリや電子辞書などを活用しながら、英単語を調べて書く習慣をつけられるよう支援する

【アルファベットの書き方】

○大文字

A B C D E

上から１本目から３本目までの間に書きます。

○小文字

a b c d e

主に２本目から３本目までの間に書きます。

g j

２本目の線をつき出る字や、３本目の線より下までのびる字もあります。

【英文の書き方】

I am Sato Aoi.

文のはじめや人・国の名前、「I（わたしは）」は大文字にします。

単語と単語の間にはスペースをあけます。

文の終わりにはピリオド（.）を打ちます。

Are you a student?

No, I'm not.

疑問文にはクエスチョン（?）をつけます。

文の切れ目にはカンマ（,）短縮形にはアポストロフィー（'）をつけます。

チャレンジ

① あなたの名前をローマ字で書きましょう。

② 今月は何月ですか。日本語で書いてから英語で書きましょう。

③ 今日は何曜日ですか。日本語で書いてから英語で書きましょう。

④ 次の英文を、必要なところを大文字に直して、写して書いてみましょう。

i'm sakura. i'm from japan.

1

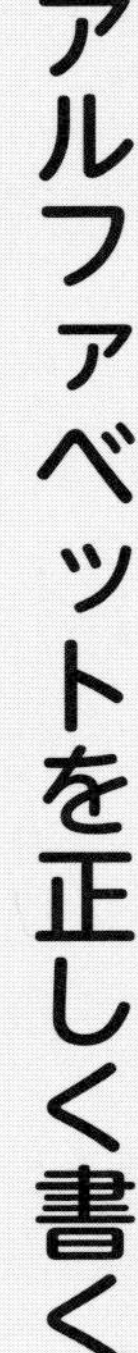

アルファベットを正しく書く

次のアルファベット（大文字）をなぞって、下のノートに書きましょう。また、下のワークに取り組みましょう。

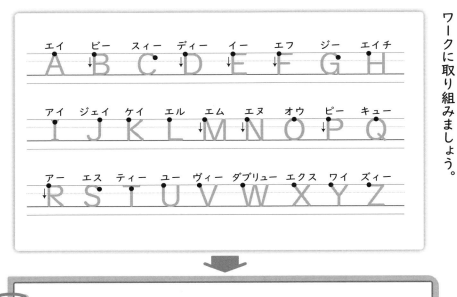

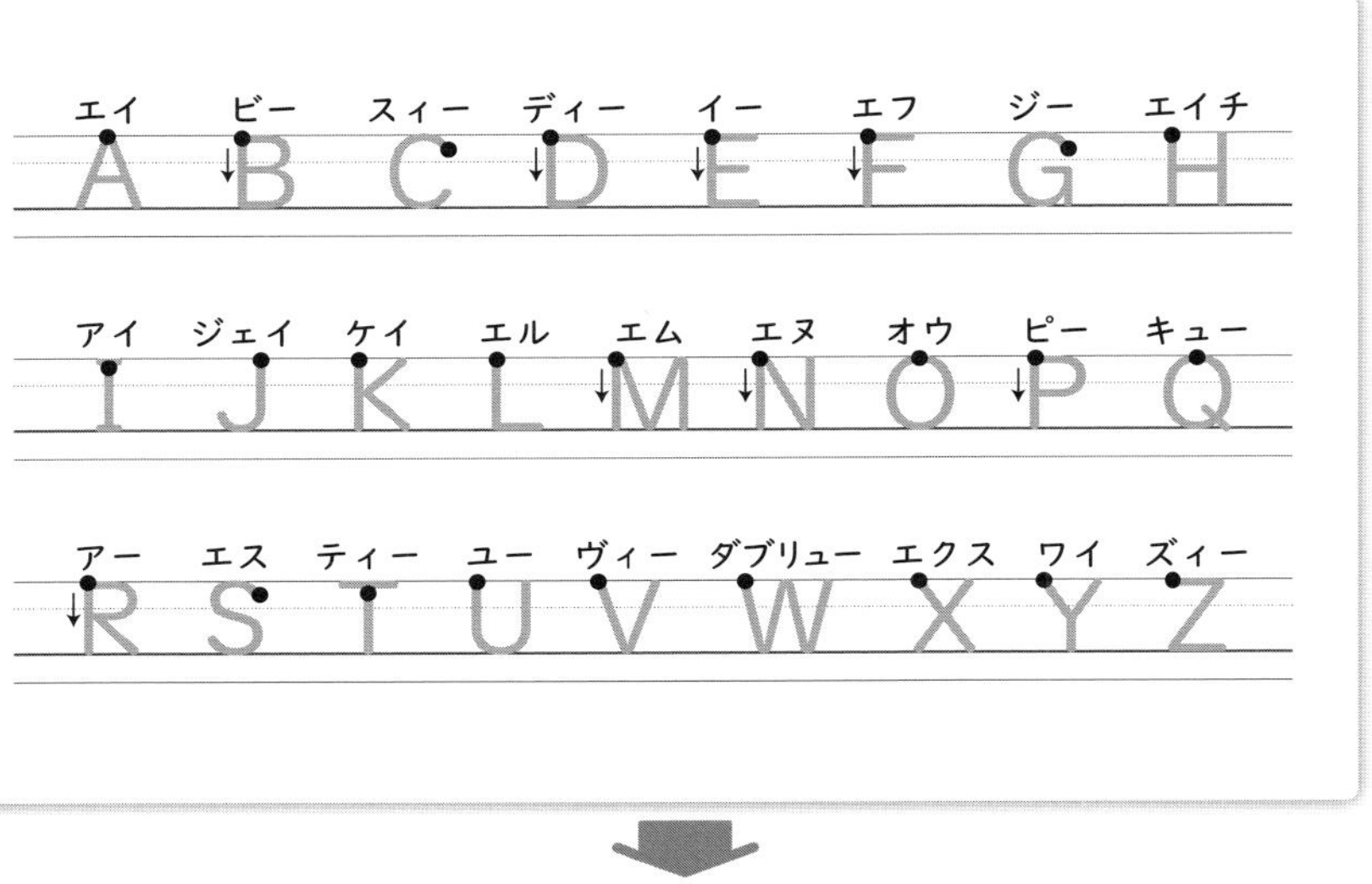

難しかったアルファベットをもう1度練習しましょう。

ワーク1 形が似ているアルファベットを見比べながら書きましょう。

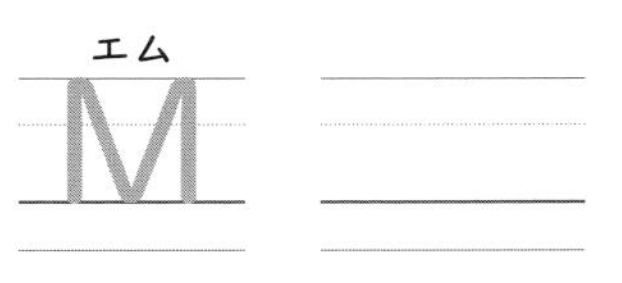

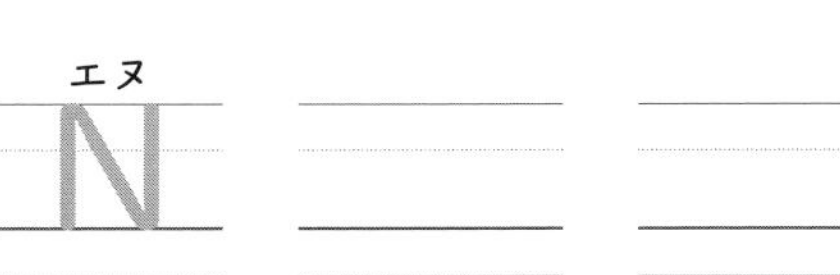

年　月　日

次のアルファベット（小文字）をなぞって、下のノートに書きましょう。また、下のワークに取り組みましょう。

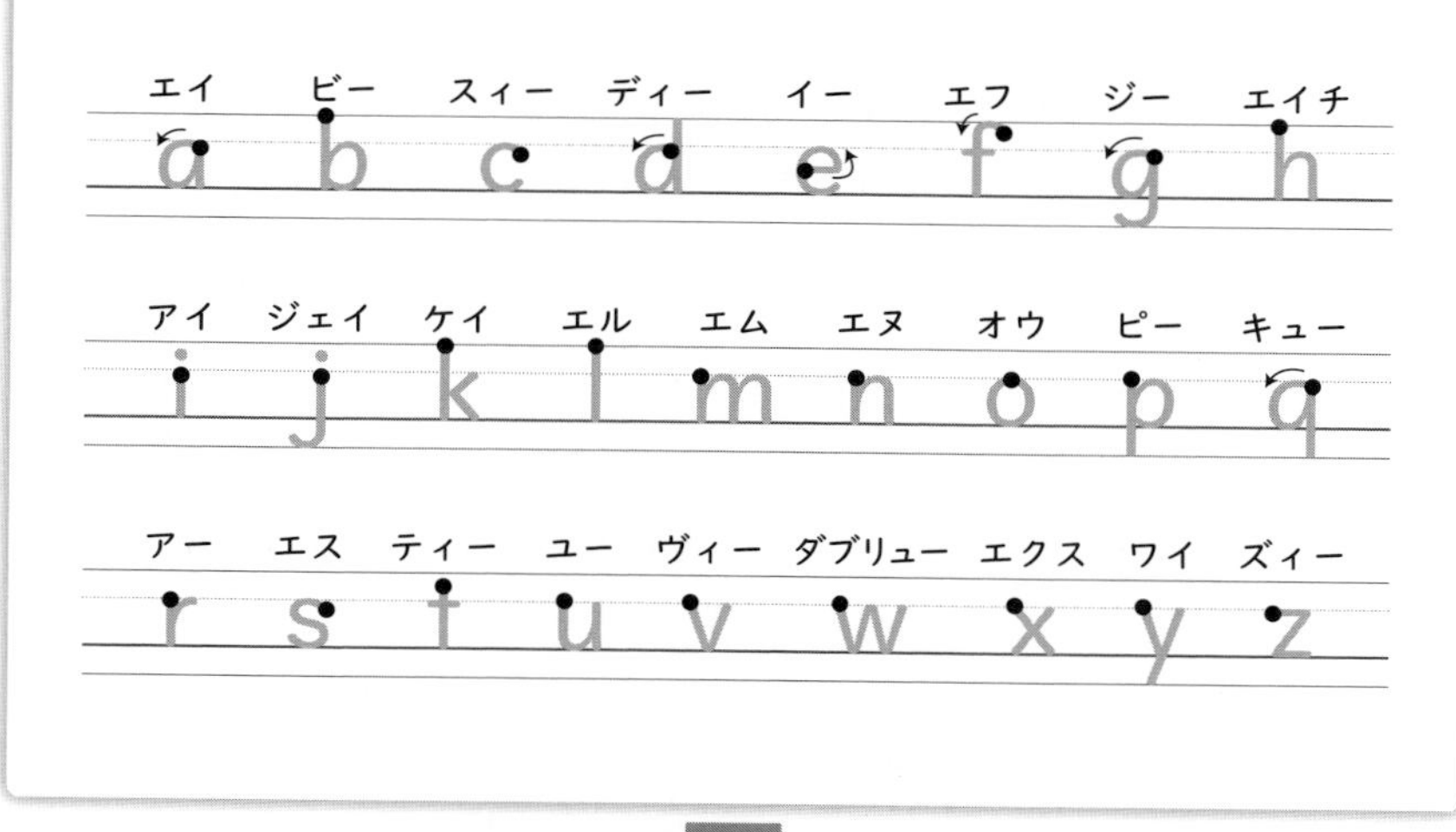

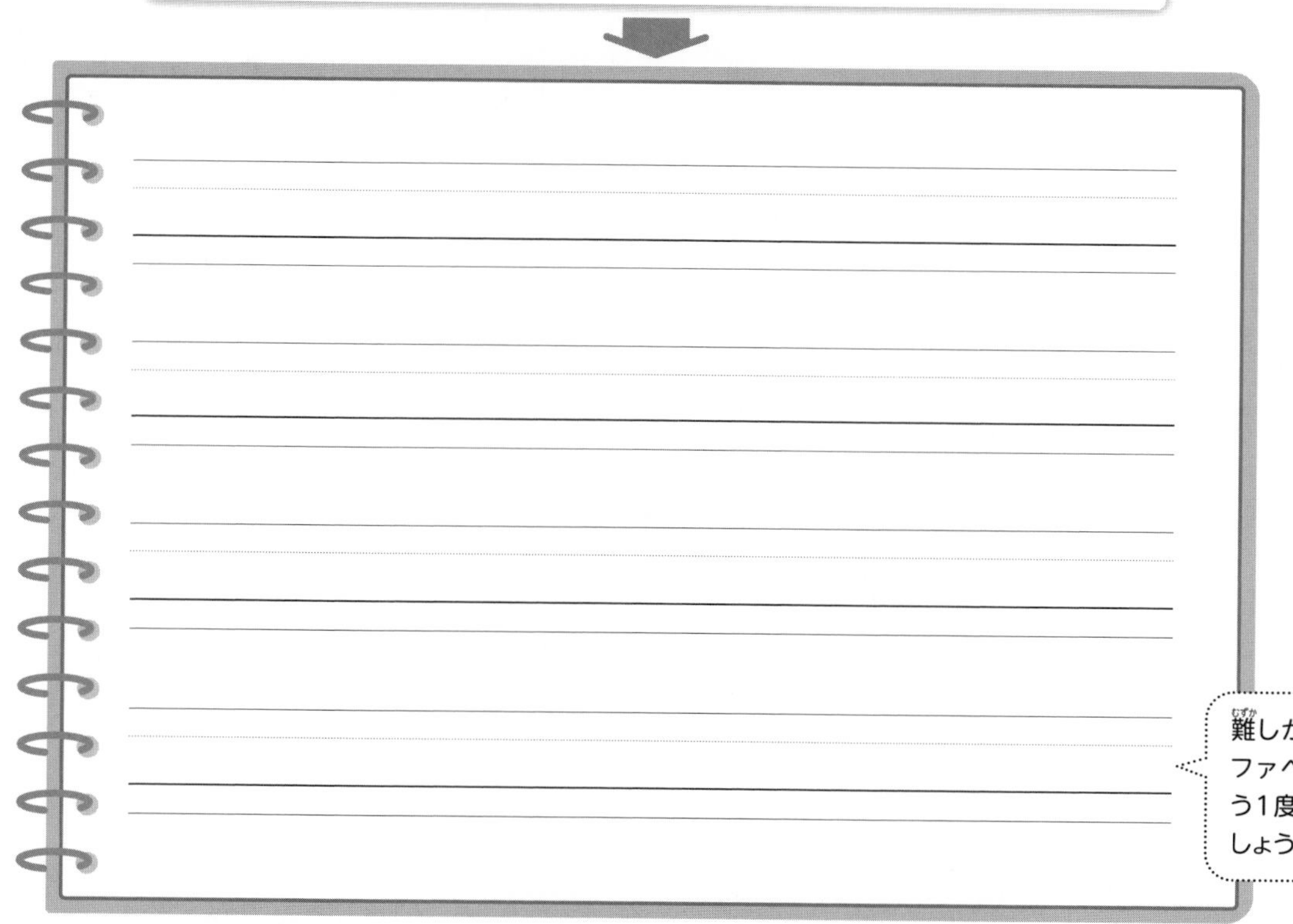

難しかったアルファベットをもう1度練習しましょう。

ワーク2 形が似ているアルファベットを見比べながら書きましょう。

ディー d

エム m

ビー b

エヌ n

2 数字・曜日を英語で書く

1～10を表す英単語(えいたんご)をなぞって、下のノートに書きましょう。また、下のワークに取り組みましょう。

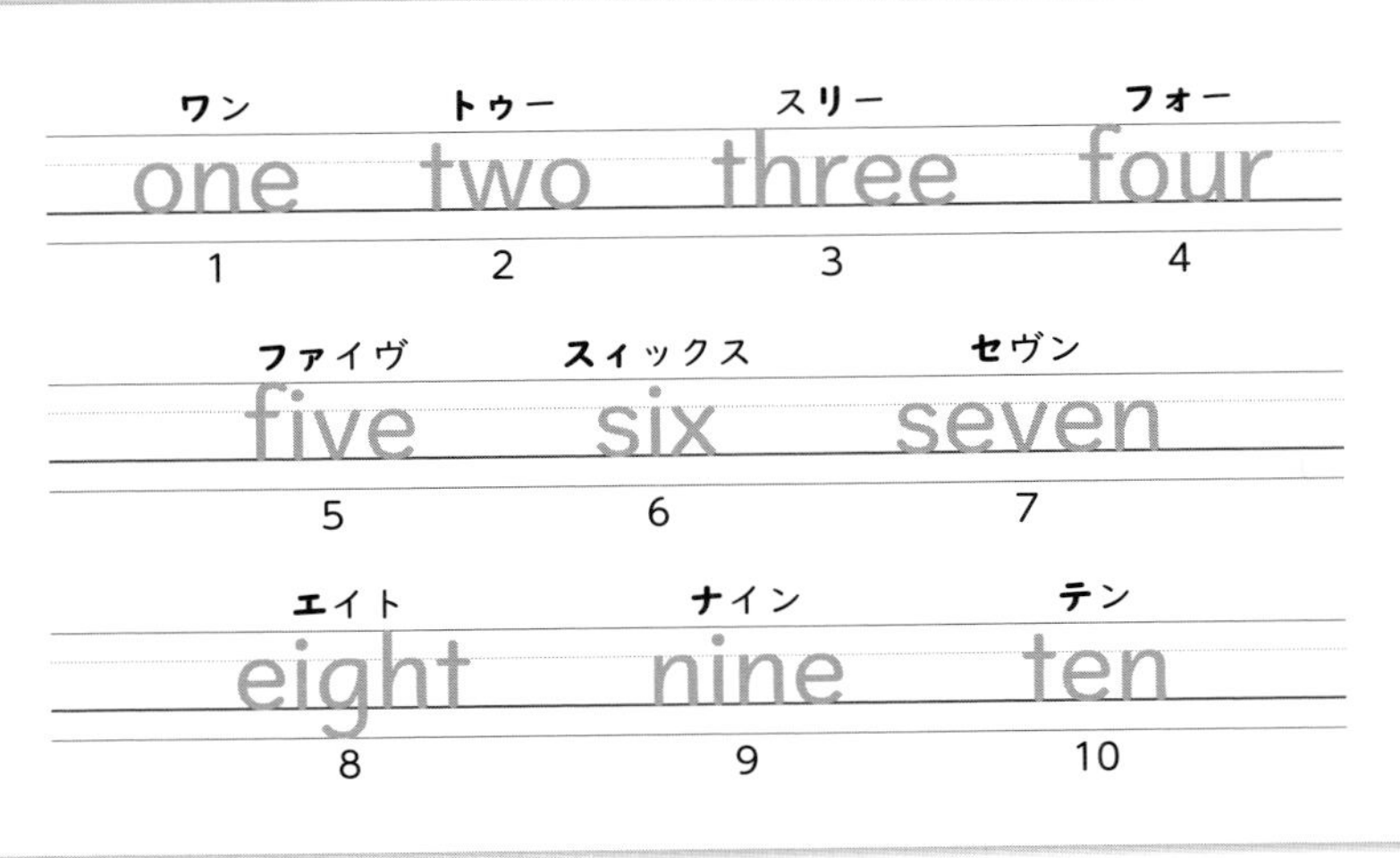

ワン	トゥー	スリー	フォー
one	two	three	four
1	2	3	4

ファイヴ	スィックス	セヴン
five	six	seven
5	6	7

エイト	ナイン	テン
eight	nine	ten
8	9	10

難(むずか)しかった英単語(えいたんご)をもう1度練習しましょう。

ワーク1 英文(えいぶん)を書きましょう。

アイ ハヴ スリー キャッツ
I have three cats.

わたしは3匹(びき)のねこを飼(か)っています。

「3匹(びき)のねこ」なので、**複数形(ふくすうけい)の「s」**がつきます。
cat ➡ (複数形(ふくすうけい)) **cats**

アイ ハヴ キャッツ
I have (　　　　　　) cats.

年　月　日

曜日を表す英単語をなぞって、下のノートに書きましょう。また、下のワークに取り組みましょう。

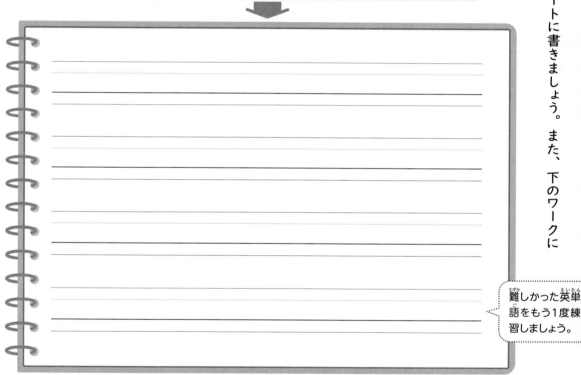

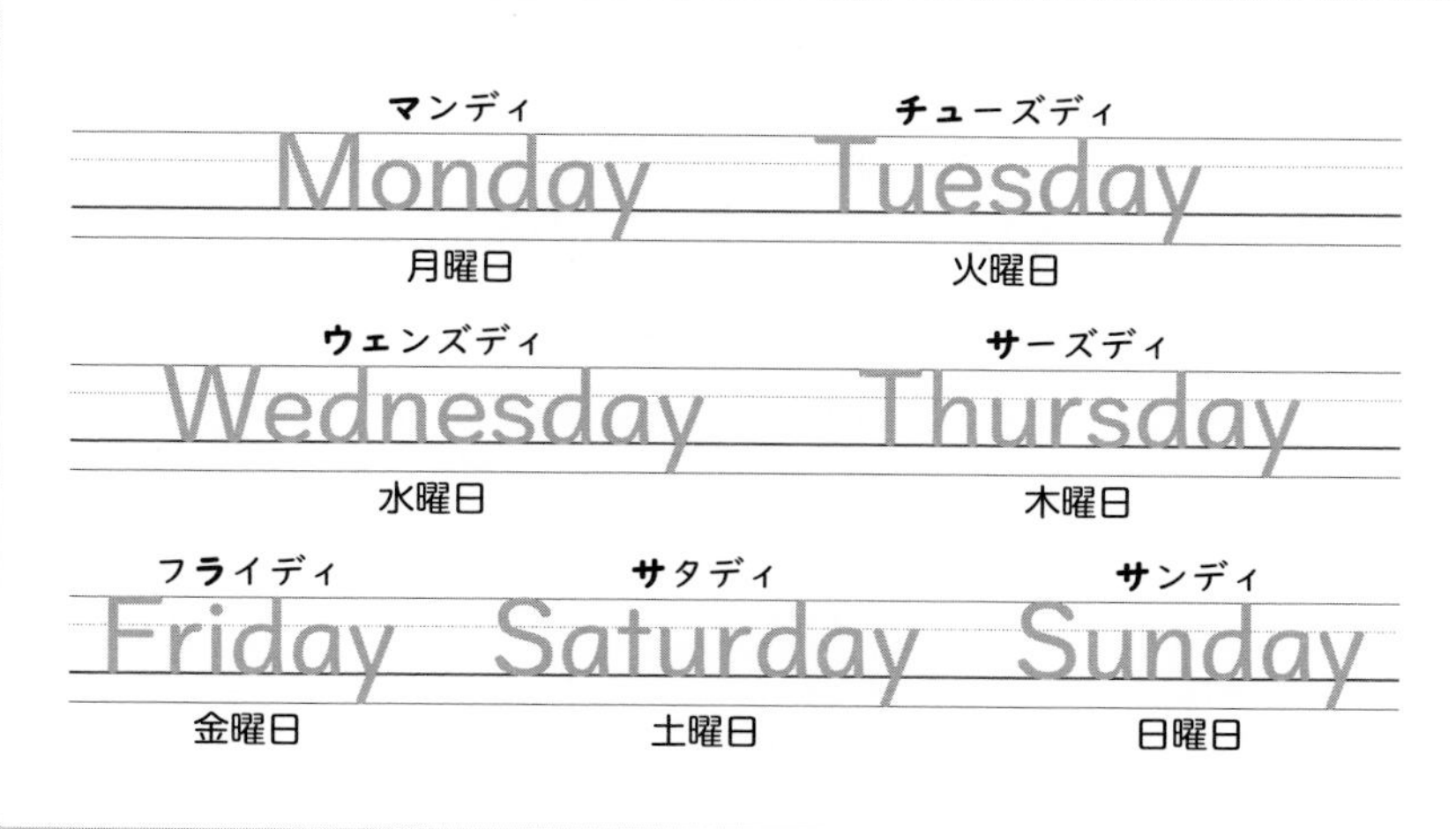

マンディ
Monday
月曜日
チューズディ
Tuesday
火曜日
ウェンズディ
Wednesday
水曜日
サーズディ
Thursday
木曜日
フライディ
Friday
金曜日
サタディ
Saturday
土曜日
サンディ
Sunday
日曜日

難しかった英単語をもう1度練習しましょう。

ワーク2 英文を書きましょう。

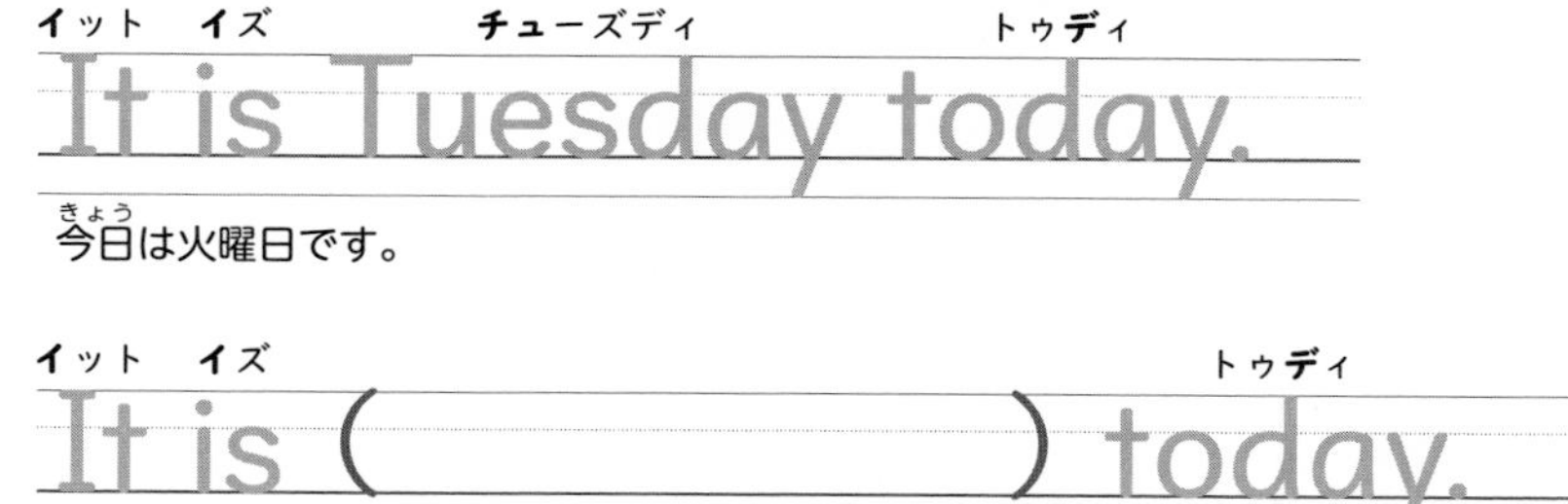

イット イズ チューズディ トゥディ
It is Tuesday today.
今日は火曜日です。
イット イズ トゥディ
It is ( ) today.

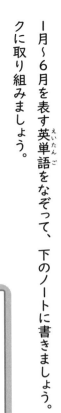

3 月の名前を英語で書く

1月~6月を表す英単語をなぞって、下のノートに書きましょう。また、下のワークに取り組みましょう。

ジャニュアリー January 1月	フェブラリー February 2月
マーチ March 3月	エイプリル April 4月
メイ May 5月	ジューン June 6月

難しかった英単語をもう1度練習しましょう。

英語で書きましょう。

① 今は何月？

② あなたの誕生日は何月？

年　月　日

7月～12月を表す英単語（えいたんご）をなぞって、下のノートに書きましょう。

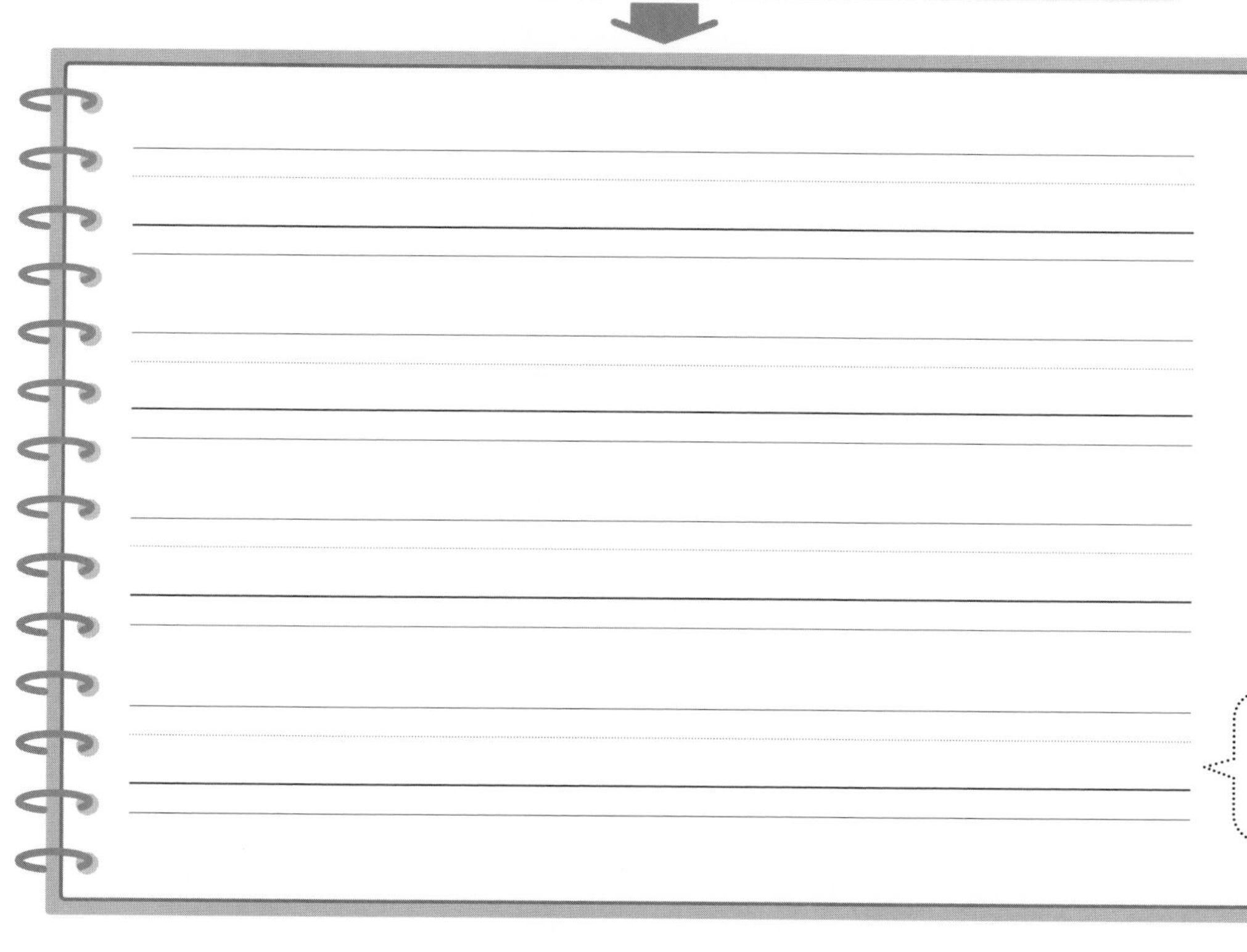

難（むずか）しかった英単（えいたん）語（ご）をもう1度練習しましょう。

英語（えいご）の罫線（けいせん）の使い方に慣（な）れてきた！

チェック

- □ 大文字と小文字の大きさを区別（くべつ）して書けた
- □ 罫線（けいせん）に合わせて書けた
- □ 抜（ぬ）けているアルファベットがない
  (× Janury など)
- □ 似（に）たアルファベットに注意して書けた
  (× Octoder など)

4 英文を書く

さくらさん、まなぶさんの自己紹介を写して書きましょう。また、下のワークに取り組みましょう。

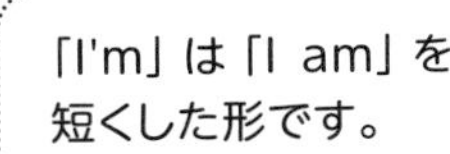

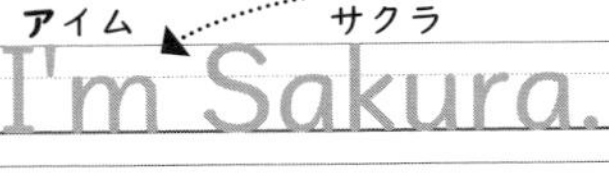

アイム　サクラ
I'm Sakura.

わたしは　サクラです。

アイ　ライク　ミュージック
I like music.

わたしは　音楽が好きです。

アイム　マナブ
I'm Manabu.

わたしは　マナブです。

アイ　アム　ア　ハイ　スクール　ステューデント
I am a high school student.

わたしは　高校生 です。

ワーク1 英単語を書きましょう。

① name（ネイム）　名前

② school（スクール）　学校

③ like（ライク）　～が好き

④ student（ステューデント）　生徒

年　月　日

次のげんきさんからの質問をなぞって、下のノートに写して書きましょう。また、下のワークに取り組みましょう。

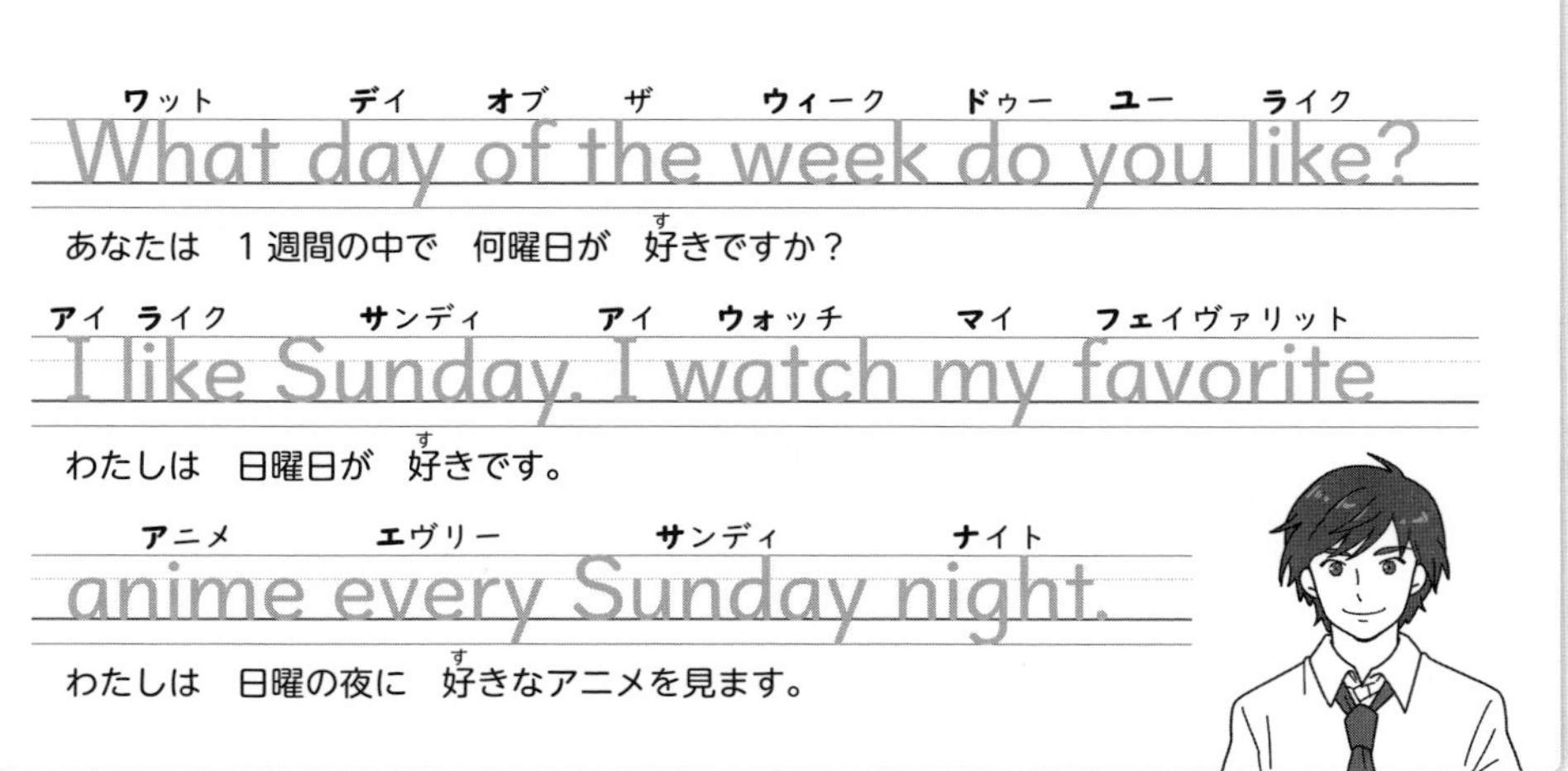

ワット　デイ　オブ　ザ　ウィーク　ドゥー　ユー　ライク
What day of the week do you like?
あなたは　1週間の中で　何曜日が　好きですか？
アイ　ライク　サンディ　アイ　ウォッチ　マイ　フェイヴァリット
I like Sunday. I watch my favorite
わたしは　日曜日が　好きです。
アニメ　エヴリー　サンディ　ナイト
anime every Sunday night.
わたしは　日曜の夜に　好きなアニメを見ます。

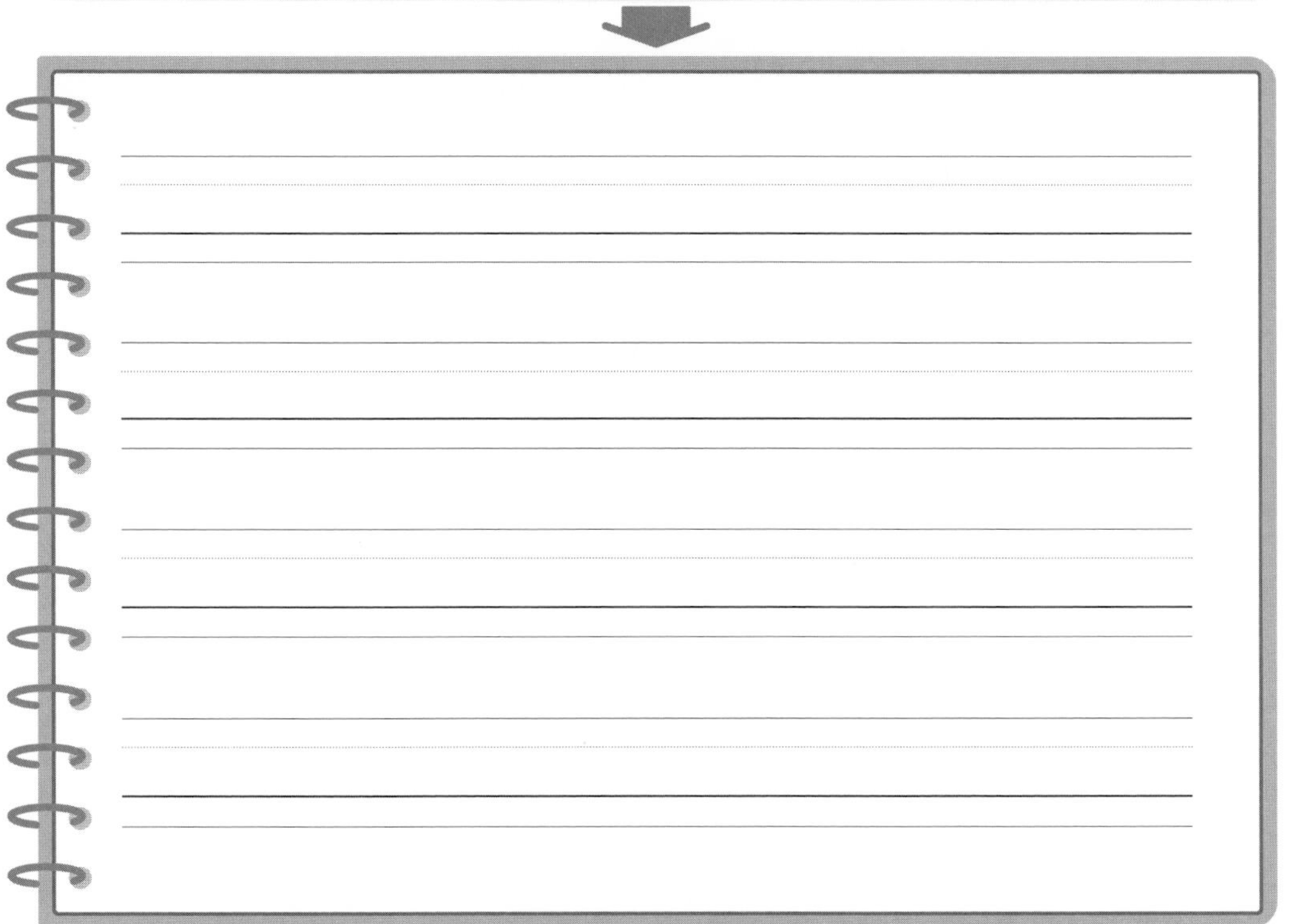

ワーク2 げんきさんの質問に答えましょう。

ワット　デイ　オブ　ザ　ウィーク　ドゥー　ユー　ライク
What day of the week do you like?

5 英語で自己紹介文を書く

自己紹介文をなぞって、下のノートに写して書きましょう。また、下のワークに取り組みましょう。

ハロー　エヴリワン
Hello everyone!
みなさん、こんにちは。

アイム　キャサリン
I'm Catherine.
わたしの名前はキャサリンです。

アイム　フロム　カリフォルニア　ザ　ユーエスエー
I'm from California, the USA.
わたしはカリフォルニア出身です。

アイ　ライク　クッキング　アンド　シンギング
I like cooking and singing.
わたしは料理と歌が好きです。

ワーク1 単語を書きましょう。

① エヴリワン everyone（みなさん）

② ライク like（好き）

③ クック cook（料理をする）

④ シング sing（歌う）

年　月　日

あなたの自己紹介を英文で書きましょう。

Hello everyone!（ハロー エヴリワン）

I'm (　　　　　　　　).（アイム）　あなたの名前

I'm from (　　　　　　　　).（アイム フロム）　出身地

I like (　　　　　) and (　　　　　).（アイ ライク / アンド）　好きなもの

英語で自己紹介ができれば、外国の人と仲よくなれるかも！

チェック

- □ 文のはじめは大文字で書けた
- □ 名前と地名のはじめは大文字で書けた
- □ 文末にピリオドをつけた
- □ 単語と単語の間は少し空けて書けた

マス目・ノート用紙

コピーしてくり返し練習しましょう。

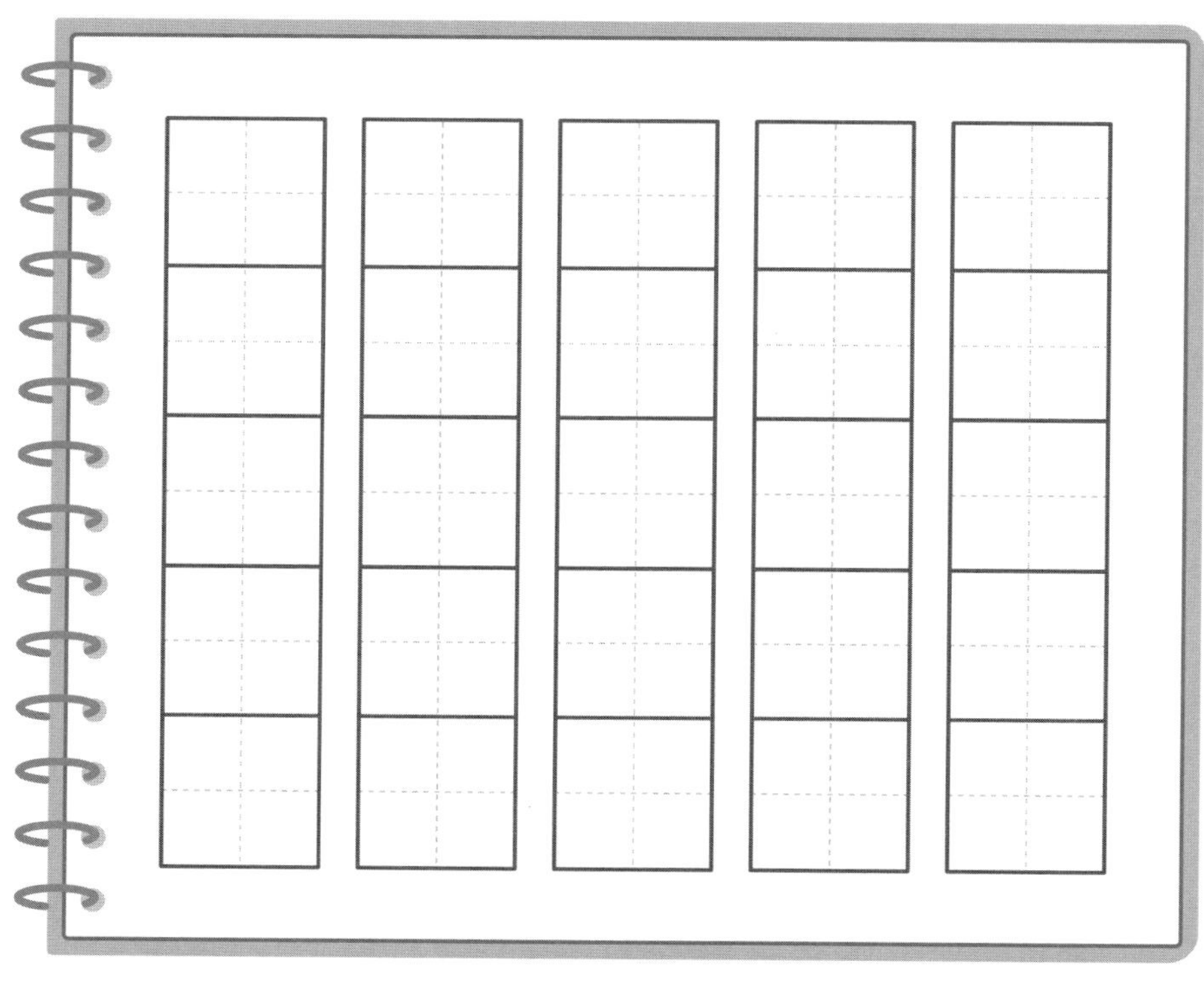

原稿用紙

コピーしてくり返し練習しましょう。

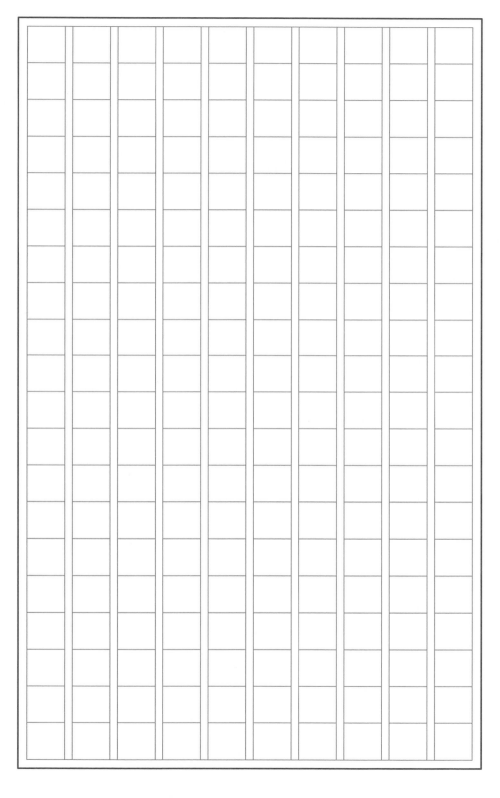

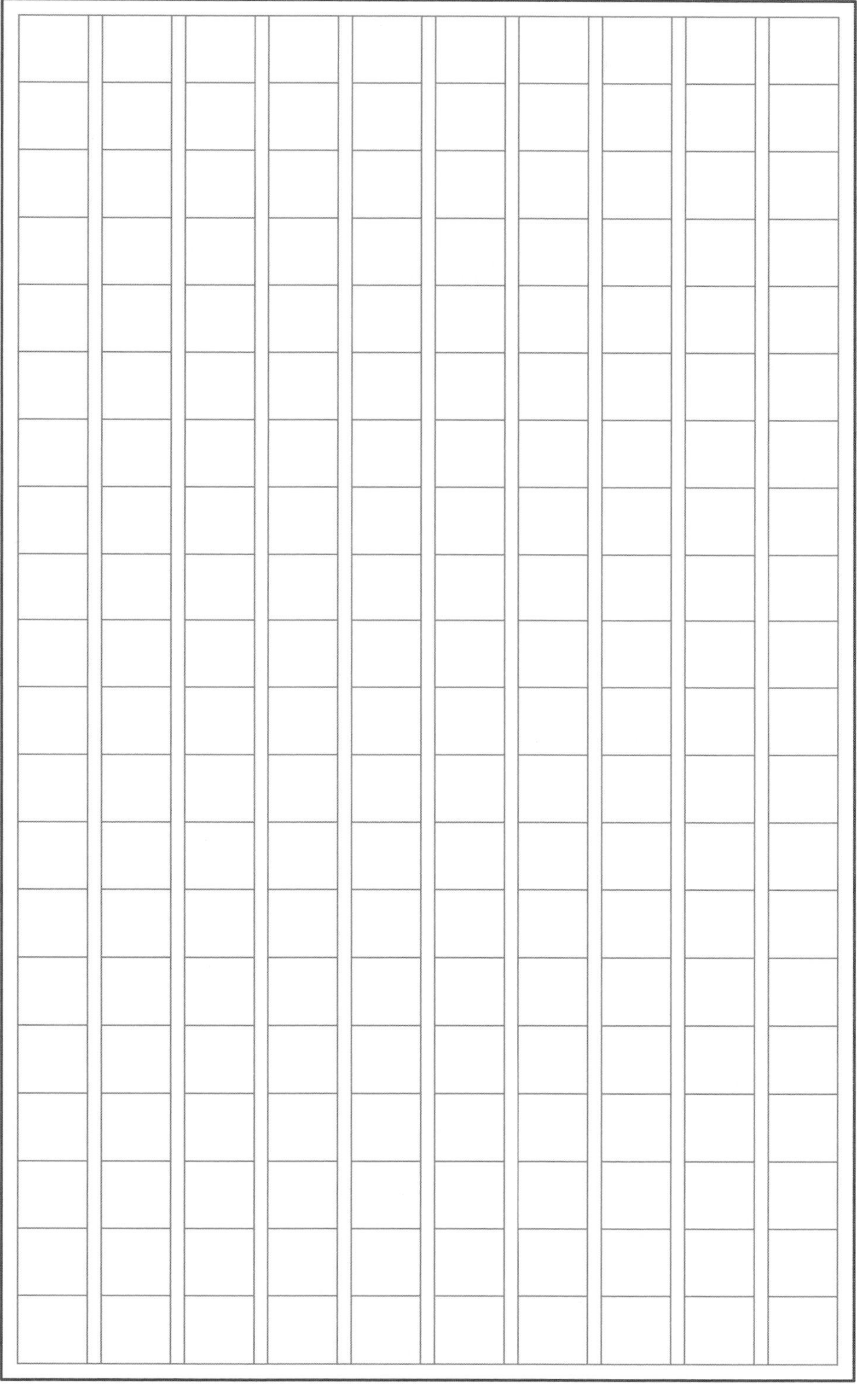

第1章　文字・漢字

4 (11ページ) チャレンジ ④明日はサッカーの大会があります。七月一日からテストが始まります。

4 (19ページ)二十(円)　四百(円)　七千(円)　一万三千(円)

ワーク2 四月一日　七月七日　十月二十日

6 (22ページ)①暑　②熱　③厚　④速　⑤早

ワーク1 覚　計　以外

(23ページ)①上がる　②行う　③短い　④表す　⑤生まれる

ワーク3 細(こま)かい　細(ほそ)い　生(い)きる　生(う)まれる

7 (24ページ)①(セーターが)ちぢむ。　②(雨の日が)つづく。　③(図書室では)しずかにする。　④(トンネルを)とおりぬける。　⑤(犬が)ちかづいてくる。

ワーク1 みじか　おとうと　じしん

(25ページ)①このレストランのサラダはとてもおいしい。　②わたしの学校には大きなプールと広いテニスコートがある。　③ペンとメモ帳を用意する。

第2章　作文

4 (42ページ)(例)(カップラーメンの作り方)はじめに、お湯をわかします。次に、カップラーメンのふたをはがします。そして、カップラーメンにお湯を注ぎます。最後に、三分待ってできあがりです。

ワーク1 (カレーライスの作り方)(例)はじめに、肉と野菜を食べやすい大きさに切ります。次に、肉と野菜を炒めます。そして、水を入れて煮込みます。最後に、カレールゥを入れてできあがりです。

5 (44ページ)(持ち物に名前を書くのは)(例)なぜなら、落としたときに自分のところに戻ってくるようにするためです。／なぜなら、他の人の持ち物と区別するためです。(買い物にエコバッグを持っていくほうがよいのは)(例)なぜなら、使い捨てのレジ袋の使用を減らすためです。

　わたしが学校生活の中でがんばったことは、体育祭の応援団の活動です。人前に立つことに自信をつけるために立候補しました。同じチームの先輩や後輩と協力して、応援の振り付けを考えて毎朝練習をしました。

　その結果、体育祭当日は全校生徒の前で堂々と応援をすることができ、わたしたちのチームは優勝することができました。みんなと一緒に大きな声を出せたことで自信がついたので来年も挑戦したいと思います。

　わたしの長所は、優しいところです。友達が落ち込んだり悩んだりしているときには声をかけて話を聞いています。また街で困っている人を見かけたときには積極的に声をかけて手伝うようにしています。

　わたしの短所は、人見知りなところです。特に初対面の友達の前では緊張してうまく話せないことがあります。短所を少しでも克服できるよう、まず挨拶をすることから心がけています。

　わたしの将来の目標は、パティシエになることです。わたしが作ったお菓子を家族が喜んでくれたことがきっかけでお菓子作りに興味を持ちました。もっと多くの人に食べてもらいたいと考えるようになりました。

　いつかはみんなが喜ぶスイーツを開発して自分のお店を開いてみたいです。そのために、毎週末にレシピを見ながらさまざまなお菓子作りに挑戦して、味や作り方を覚えられるようがんばっています。

伊庭葉子（いば・ようこ）[監修]

株式会社 Grow-S 代表取締役 (特別支援教育士)
1990年より発達障害をもつ子どもたちの学習塾「さくらんぼ教室」を展開。一人ひとりに合わせた個別の学習指導、SST（ソーシャル・スキル・トレーニング）指導、進路選択や自立の準備、保護者サポートを通して長期的な支援を目指す。教材の出版、公的機関との連携事業、学校支援、講演や教員研修なども行う。
著書／『特別支援の国語教材』『特別支援のSST教材』(Gakken)、『さくらんぼワークはじめての読解・作文』『同／はじめての計算・文章題』(明治図書)
監修／『自分のペースで学びたい子のためのサポートドリル』すてっぷ1〜6『中高生のためのSST ワーク』学校生活編・コミュニケーション編（学事出版）

濱野智恵（はまの・ともえ）[編著]

株式会社 Grow-S 教育事業部長（特別支援教育士・公認心理師）
さくらんぼ教室教室長として多くの生徒の指導・支援にあたる。2016年より東京都教育委員会の委託事業「コミュニケーションアシスト講座」運営責任者として、1,000人以上の都立高校生を指導。一人ひとりの個性に合わせた実践を、学校における支援へとつなげる。特別支援学校の外部専門員、都立高校における通級指導、出張授業、教員研修なども行う。

【さくらんぼ教室】

勉強が苦手な子ども、発達障害をもつ子どものための学習塾。1990年の開設以来、「自分らしく生きるために、学ぼう。」をスローガンに、一人ひとりに合わせた学習指導、SST 指導を実践。千葉県・東京都・神奈川県の15教室で2歳〜社会人まで3,000人が学習中（2023年8月現在）。教材の出版、学校での出張授業や研修、発達障害理解・啓発イベントなども行う。
さくらんぼ教室HP　https://www.sakuranbo-class.com/

●同時刊行
学校生活で「できる」が増える!
中高生のための学習サポートワーク　言葉・読み方編

学校生活で「できる」が増える!
中高生のための学習サポートワーク　書き方・作文編

2023年9月25日　初版第1刷発行

監　修　伊庭葉子
編　著　濱野智恵
発行者　安部英行
発行所　学事出版株式会社
〒101-0051　東京都千代田区神田神保町1-2-5
電話　03-3518-9655
HP アドレス　https://www.gakuji.co.jp

企画　三上直樹
編集協力　狩生有希（株式会社桂樹社グループ）
イラスト　かみじょーひろ／寺平京子
デザイン・装丁　中田聡美
印刷・製本　瞬報社写真印刷株式会社

ISBN978-4-7619-2961-9　C3037